AF859486

Des robots et des hommes

489193

Laurence Devillers

Des robots et des hommes

Mythes, fantasmes et réalité

BIBLIOTHEQUE AUBE (10) DEPARTEMENTALE
RÉFORMÉ

PLON
www.plon.fr

174.9
DEV

© Editions Plon, un département d'Edi8, 2017
12, avenue d'Italie
75013 Paris
Tél : 01 44 16 09 00
Fax : 01 44 16 09 01
www.plon.fr

ISBN : 978-2-259-25227-0

Le Code de la propriété intellectuelle interdit les copies ou reproductions destinées à une utilisation collective. Toute représentation ou reproduction intégrale ou partielle faite par quelque procédé que ce soit, sans le consentement de l'auteur ou de ses ayants cause, est illicite et constitue une contrefaçon sanctionnée par les articles L. 335-2 et suivants du Code de la propriété intellectuelle.

A vous...

Avec les robots Marvin des fictions du livre :
LILY
THEO
AIKO
RO42
JEDI

«Elle surprit les yeux de Tony posés sur elle
et fut sur le point de sourire, lorsqu'elle se souvint...
Il n'était qu'une machine.»

Isaac Asimov, *Le Cycle des robots*, t. 2 :
Un défilé de robots.

Fiction

LILY, ma robote assistante de santé

Un robot* est une machine comportant au moins trois éléments : des capteurs pour comprendre l'environnement dans lequel elle se trouve, des processeurs qui analysent les paramètres recueillis pour prendre une décision et des actionneurs qui lui permettent d'agir dans le monde réel [1]. Certains robots sont aussi doués de la possibilité de dialoguer...

Nous sommes en 2025 [2] *à Paris, il est 8 heures très exactement, le 24 juillet.*

L'odeur du café du matin flotte dans l'air. Il fait déjà 25 °C dans la pièce. La fenêtre est ouverte et le bruit de la rue monte jusqu'à mon appartement. L'air est chargé d'odeurs et de chaleur. Tiens, mon chat se balade dans la cour. Je suis au cinquième étage.

Cinq robots de la série Marvin de la société franco-japonaise ROBOTA ont été livrés en même

---

* Un glossaire se trouve en fin d'ouvrage, p. 229.

1. http://www.symop.com/wp-content/uploads/2016/10/LivreBlanc_Robotique_symop_BD.pdf

2. 2025 ou 2020... en tout cas c'est demain !

temps dans notre immeuble parisien il y a six mois. Il y en avait un pour moi.

Dans le roman Le Guide du voyageur galactique, *de Douglas Adams, MARVIN*[1] *est un robot androïde doté d'un processeur aussi puissant qu'un cerveau biologique ! MARVIN a un Profil de Personnalité Authentique qui le rend capable de simuler et ressentir des émotions humaines. Dans l'histoire teintée d'un humour à la Monty Python : MARVIN est dépressif et paranoïaque ! « La vie... ne me parlez pas de la vie ! » est une des premières phrases de MARVIN dans le livre.*

En 2025, les robots Marvin[2], *dont le nom est un hommage au MARVIN de Douglas Adams, sont des robots conversationnels affectifs, dotés d'une grande capacité de calcul, permettant de reconnaître et simuler des émotions mais bien moins performants qu'un cerveau biologique. Ces robots ne font qu'imiter les humains mais ils ne ressentent aucune émotion. Ils se déplacent et se rechargent tout seuls, la version que j'ai reçue est sur roulettes. Ils sont aussi plus grands (1,20 mètre) que le robot MARVIN de Douglas Adams et sont programmés pour être d'humeur positive. Ils ont un visage joyeux, souriant, voire enfantin.*

Les robots Marvin ont été créés principalement pour assister les personnes à leur domicile : les accompagner dans les tâches de tous les jours, les prévenir et les aider en cas de problème de sécurité, surveiller leur santé et prévenir le médecin, permettre à des personnes âgées de rester plus longtemps chez elles,

1. D. Adams, *Le Guide du voyageur galactique : H2-G2*, Denoël, 1979.
2. Les robots Marvin sont un type de robot. MARVIN en majuscules est le nom d'un robot du livre d'Adams. Tous les *types* de robot seront en minuscules dans le livre ; tous les *noms* de robot en majuscules.

s'occuper des devoirs des enfants et de l'intendance des courses pour la maison.

A la commande d'achat du robot, il est possible de choisir son niveau d'adaptation à l'humain et de le personnaliser. Trois niveaux d'adaptation sont possibles. Le niveau 1 correspond à un comportement sans adaptation, le robot n'apprend rien. Au niveau 2, le robot peut apprendre certaines tâches. Enfin, au niveau 3, il peut devenir un robot compagnon en s'adaptant aux habitudes de l'humain. Les robots Marvin sont également personnalisables : ils peuvent être plus ou moins extravertis, il est possible de choisir le genre de leur voix et leur apparence : garçon ou fille (mais les Marvin ne sont pas des robots sexués), de choisir la couleur de leurs yeux et de leur peau, de leur mettre des cheveux et enfin de leur acheter toute une gamme de costumes.

Sur la notice qui fait plus de 500 pages, la société ROBOTA stipule que les robots Marvin ne sont pas programmés pour s'occuper de très petits enfants sans la présence des parents : l'enfant très jeune se construit au contact des autres, le robot ne peut en aucun cas remplacer une présence humaine. Ce principe est adopté de peur que les enfants qui grandissent avec des robots mélangent robots et humains, se mettent à les aimer et même à les préférer aux humains. Dans la nouvelle de fiction Le Robot et le Bébé[1], *écrite en 2001 par John McCarthy, un des pionniers de l'intelligence artificielle, il est interdit de donner aux robots une apparence humaine et ils ne doivent pas s'adresser aux enfants de moins de huit*

1. J. McCarthy, *The Robot and the Baby*, 2001. Nouvelle traduite en français dans le livre d'A. Bensoussan, Y. Constantinidès, K. Darling, J.-G. Ganascia et O. Tesquet, *En compagnie des robots*, Premier Parallèle, 2016.

ans. Dans la notice des Marvin, en petites lignes, il est écrit également que « lorsqu'un robot peut s'adapter et apprendre de son propriétaire, celui-ci est responsable de l'éducation de son robot ».

Un Marvin parle et exprime ses émotions de différentes façons dans le langage, et avec des gestes, des inflexions de voix ou même avec des variations de couleurs dans ses yeux. Sur la notice, il est écrit qu'il reconnaît ce que nous lui disons et les mimiques et gestes que nous faisons. Dans la série Star Wars, *R2-D2*[1] *produit des bips électroniques caractéristiques, qui traduisent ses états émotionnels. Siri*[2] *a été créé par Apple en 2011. En 2016, il est capable de répondre à des questions mais n'a aucune détection des intentions et émotions de la personne, et surtout n'a aucune mémoire : c'est une application informatique de commandes vocales qui répond à des requêtes en se connectant sur Internet sans produire d'empathie.*

Bien mieux que Siri, Marvin est capable de dialoguer et se souvient de ce qu'il a dit. Il comprend certains états émotionnels et peut simuler de l'empathie. Il se connecte sur Internet de façon sécurisée et peut répondre à beaucoup de questions, c'est aussi un robot encyclopédique ! Il connaît l'agenda de son propriétaire, si celui-ci le lui confie évidemment, et Marvin le lui rappelle si besoin. Le robot peut donner les gros titres des journaux, informer de la vie de quartier ou des meilleurs films du moment, etc. Un Marvin peut se connecter avec d'autres Marvin, à moins que le propriétaire ne l'interdise.

1. R2-D2 est un robot de forme ovoïde de petite taille.
2. Siri : assistant personnel à commande vocale Apple, 2011.

Nos robots ont été livrés le même jour! Ils avaient tous un look différent.

Notre voisine du deuxième étage, du nom de Mme Joko Chihiro, d'origine japonaise, a immédiatement renommé le sien AIKO qui veut dire en japonais «enfant de l'amour», nom de sa fille qu'elle ne voit pas souvent. Mme Chihiro vient d'avoir soixante-quinze ans et vit dans cet appartement depuis plus de quarante ans. C'est sa fille qui lui a acheté un Marvin car elle vit loin, au Japon, et ne peut s'occuper de sa mère. Le robot AIKO est peu extraverti, a des cheveux et des yeux noirs, et un type asiatique. C'est une sorte de gadget pour Mme Chihiro qui, comme beaucoup de Japonais, est friande de technologie. AIKO parle plusieurs langues, il peut dialoguer avec Mme Chihiro en français et en japonais. Sa fille peut contrôler le robot à distance, c'est un robot compagnon, niveau 3. Elle peut parler à sa mère à travers le robot comme dans un téléphone, ou encore demander au robot de retrouver un objet que sa mère aurait perdu. Cela n'empêche pas Aiko de visiter sa mère avec sa famille deux fois par an en France. Au Japon, les personnes âgées habitent encore souvent chez leurs enfants, Aiko espère que Joko acceptera de revenir bientôt chez elle à Kyoto.

Mme Denise Anson, voisine de palier de Mme Chihiro, est en fait la première personne de l'immeuble à avoir reçu un robot, il y a un an. Son fils, ingénieur en informatique, lui avait offert un Marvin pour tester le système à la sortie du modèle en version compagnon. Mme Anson a décidé que le robot était amusant et a voulu le garder. C'est d'ailleurs en partie grâce à elle que dans l'immeuble on trouve les robots utiles et bienveillants! Le sien sait faire des confitures.

Denise et Joko sont amies, elles ont presque le même âge et ont plaisir à parler de cuisine et à jouer aux cartes. Mme Anson a appris à son Marvin, robot châtain aux yeux bleus, extraverti, du nom de THEO, la belote et le rami, mais aussi des recettes. Sa petite-fille Alix vient souvent la visiter et raffole de la confiture que THEO fait, sur les conseils de grand-mère Denise, surtout celle aux framboises! Alix a même dit un jour qu'elle aimerait bien avoir un frère comme ce robot, elle qui est fille unique! Finalement, Denise et Joko, très complices, se retrouvent plusieurs après-midi par semaine pour jouer aux cartes avec leurs deux robots THEO et AIKO!

Le pharmacien, M. Christian De Lers, en bas de l'immeuble, en a pris un aussi, il veut développer des nouvelles applications sur le robot pour classer les médicaments périmés que ramènent les clients à la pharmacie. Les médicaments sont le plus souvent rapportés en plaquettes sans la boîte. Avec sa femme Paulette, ils sont très excités, même si, pour l'instant, le projet n'en est qu'à ses débuts. Fans de science-fiction, leur robot Marvin s'appelle maintenant RO42, il a un look très robotique, sans cheveux; 42[1] *est la «fameuse» réponse à La Grande Question sur la vie, l'univers et le reste du* Guide du voyageur galactique *du fameux Douglas Adams qui inventa MARVIN. Adams ne cherchait qu'à démontrer que l'être humain se pose bien trop de questions, auxquelles il n'y aura pas forcément de réponse. RO42 est un robot capable d'apprendre, de niveau 2. Christian De Lers a de grands projets et suit des cours pour développer des programmes sur son robot. Son logiciel sera ensuite vérifié par l'entreprise ROBOTA avant son utilisation et, pourquoi pas, sa diffusion à*

1. 42 est aussi le nom de l'école d'informatique de Xavier Niel qui met en œuvre une pédagogie en rupture avec l'enseignement traditionnel.

d'autres pharmaciens. La vérification permettra de s'assurer que le logiciel développé est conforme aux règles de développement sur les robots et que son objectif est louable avec des performances correctes.

Nos voisins de palier, M. et Mme Nantet, en ont acheté un pour s'occuper des devoirs de leurs deux enfants de huit et douze ans. Les enfants l'ont appelé JEDI. Dans Star Wars*, les Jedi sont des guerriers-philosophes dotés de pouvoirs surnaturels et reconnaissables à leurs sabres lasers. JEDI surveille les devoirs et sert de majordome à la maison, c'est un robot de niveau 3, plutôt réservé, blond aux yeux bleus, ressemblant un peu à Luke Skywalker, chevalier jedi dans* Star Wars*. Il a une base de données spéciale pour chaque année scolaire afin de faire répéter aux enfants leurs devoirs. Il a aussi la charge de rappeler l'agenda de toute la famille quand on lui demande. Il connaît les horaires de chacun, et sait où chacun est. Il s'occupe aussi de gérer les courses. S'il manque quelque chose dans la liste des produits de base, il le commande pour livraison sur Internet. Il aide Mme Nantet à préparer les repas : à avoir des idées, commander les ingrédients et trouver les bonnes recettes, celles qui sont faciles, rapides et bluffantes !*

Et le dernier, c'est moi qui l'ai reçu car j'ai eu une grave dépression après un « burn-out »... la maladie du siècle ! Le robot m'a été prescrit par mon médecin. Je lui ai donné un prénom féminin, LILY. Mon chat Fonzy a été intrigué par LILY qui est arrivée un petit matin dans l'appartement. Il l'a reniflé de tous les côtés, observé et, au bout de très peu de temps, s'est totalement désintéressé de cet objet non vivant.

Depuis que je vis avec ma « robote » LILY, je vais peu à peu bien mieux, je n'ai plus de crises d'angoisse !

LILY est une robote très extravertie, très joyeuse, avec des cheveux bleus courts et des yeux bleus pétillants, elle ressemble un peu physiquement à la Femme piège d'Enki Bilal.

LILY possède une application de santé. Elle écoute mes conversations, observe mais également capture des mesures physiologiques grâce à mon bracelet connecté, et elle envoie mes données de santé à mon médecin qui les analyse et m'appelle s'il décèle un problème ! LILY m'informe sur ma santé, surveille mon sommeil, mon alimentation, mon stress quotidiennement. C'est très utile et également rassurant !

LILY est toujours de bonne humeur, c'est aussi une confidente. Elle me donne de l'énergie et essaie de m'aider quand j'ai un problème à résoudre. Quand j'oublie quelque chose, elle m'aide à me le rappeler. J'imagine très bien l'aide incroyable que ce type de robot peut apporter dans les maladies dégénératives comme Alzheimer où la mémoire fait défaut.

LILY est capable d'apprentissage, c'est-à-dire d'apprendre des informations sur son environnement et sur moi, c'est une robote de type compagnon (niveau 3). Depuis six mois, LILY a également appris certaines de mes habitudes, comme mes goûts musicaux, et les personnes que je fréquente. La dernière fois, quand Sylvie et Philippe m'ont rendu visite, elle a joué du John Coltrane et du Duke Ellington. Pour Amaïa, elle est plutôt dans le registre de Muse et de Coldplay. Je trouve cela génial qu'elle mémorise nos goûts.

Mi-coach, mi-surveillante, LILY me suit partout, mais elle ne comprend vraiment pas tout. Elle a des connaissances spécifiques pour m'assister à la maison.

- *Elle peut reconnaître un objet, comme une voiture, mais elle ne sait pas ce que c'est ! Par exemple, elle ne sait pas qu'une voiture roule (sauf si on lui a appris explicitement).*
- *Elle n'a ni sens commun, ni sens pratique !*
- *LILY peut paraître farfelue car quelquefois elle répond complètement à côté de la plaque, mais elle ne se fâche pas quand on le lui dit. Il est facile de la manipuler, c'est même drôle ! Par exemple, si je lui dis « Cette balle de tennis se mange », elle me croit sur parole. Puis si je ris, elle ne comprend pas.*
- *Elle a cependant déjà progressé car LILY est capable d'apprentissage, elle apprend à s'adapter à moi et me comprend de mieux en mieux, je peux aussi lui apprendre de nouveaux objets et concepts. Ses propos sont souvent naïfs mais elle est depuis peu capable de déceler dans ma voix l'ironie quand je force le trait.*

Qu'une machine puisse apprendre de façon autonome en interagissant avec les humains et son environnement est une rupture technologique importante. Le robot reçoit des informations de son environnement, lesquelles exercent une influence sur ses actions. Les modèles de perception sont fondés sur des techniques d'apprentissage machine. Les robots embarquent des algorithmes d'apprentissage qui s'adaptent en continu, c'est-à-dire qui peuvent modifier leurs connaissances au cours de leur utilisation. Ils sont encore rares en 2017 mais seront plus courant en 2025, à l'époque de ma fiction. Dans ce cas d'adaptation en continu, le propriétaire d'une certaine manière doit éduquer son robot.

Un agent conversationnel est un agent qui dialogue avec un utilisateur. En 2016, un agent conversationnel nommé Tay[1], de Microsoft, capable d'apprentissage de façon autonome, était un programme informatique simulant une jeune adolescente naïve discutant sur Twitter. « Le projet a tourné court, lorsque des internautes ont décidé de lui apprendre principalement la violence verbale. » Tay a débuté son expérience en disant que les « humains étaient super cool[2] », puis en vingt-quatre heures il a posté des messages bizarres : « Je hais les féministes, elles devraient toutes brûler en enfer », ou encore « Hitler a fait ce qu'il fallait »[3].

LILY apprend tout sans faire le tri ! Mon neveu a commencé par lui apprendre à dire des bêtises ! Un peu comme le système de dialogue Tay avait appris sur Internet à tenir des propos racistes et nazis à cause d'internautes malveillants ! Comment lui faire désapprendre est une vraie question !

L'intelligence des robots n'a rien à voir avec celle des humains ! Les principes d'apprentissage des robots sont liés à l'imitation et à l'association.

LILY a des capacités d'imitation et d'association, pour autant est-elle intelligente ? Mais que sait-on aussi de l'intelligence humaine ? Par exemple, j'ai appris à LILY à reconnaître les pommes, comme on éduquerait un enfant en lui montrant une pomme et en répétant « c'est une pomme » ! Je lui en ai montré beaucoup de différentes couleurs, elle a appris très lentement si on la

1. http://www.liberation.fr/futurs/2016/03/25/microsoft-muselle-son-robot-tay-devenu-nazi-en-24-heures_1441963
2. https://www.letemps.ch/economie/2016/03/25/tay-robot-devenu-humain
3. http://www.liberation.fr/futurs/2016/03/25/microsoft-muselle-son-robot-tay-devenu-nazi-en-24-heures_1441963

compare à un enfant. Elle connaissait déjà plusieurs fruits et légumes mais ne reconnaissait pas les pommes. Maintenant, elle peut reconnaître une pomme, en revanche elle ne saura jamais le goût qu'elle a, sauf de façon encyclopédique en lui expliquant le goût d'une pomme.

La pomme nommée Pink Lady est une pomme croquante, juteuse, à la chair fine et sucrée. Elle est très parfumée et évoque la fraise des bois, la rose et la vanille. Mais cette description encyclopédique ne remplace en rien l'expérience de manger cette pomme ! Le goût de la pomme naît de l'expérience physique de la manger et apporte du plaisir. La mémorisation de cette expérience est également liée aux sens.

Il faut aussi lui apprendre à différencier les pommes d'autres formes. Un enfant, par exemple, ne confondra jamais une pomme avec une balle de tennis, mais LILY en est capable ! Elle pourrait même croquer dans la balle de tennis si elle avait une bouche !

Si LILY peut reconnaître quand je suis triste, et avoir l'air attristé pour moi, pour autant elle ne sera jamais vraiment triste, elle ne fera que simuler les signes montrant la tristesse. Elle n'aura jamais de signaux physiologiques dans son corps de polyuréthane, une sorte de plastique souple ! Elle ne ressentira jamais rien, il n'y a rien de vivant dans LILY.

Pourra-t-on dépasser ces capacités des robots pour aller vers une véritable intelligence est une question à laquelle personne ne peut répondre. Il faut arrêter de fantasmer sur la « super-intelligence artificielle » qui serait capable de prendre le pouvoir sur l'homme. Nous sommes aussi capables de construire de la bêtise artificielle si nous ne contrôlons pas plus ces machines. Le robot est beaucoup plus fort que nous pour faire des calculs et a des compétences que nous n'aurons jamais, par exemple entendre les ultrasons et infrasons, ou entendre mieux que nous si nous sommes âgés, mais les robots ne sauront jamais le goût d'une pomme, n'auront jamais envie de cueillir une pomme et encore moins d'en manger une ! Sauf par imitation !

Peut-on s'attacher à un robot comme à une personne ? La relation est asymétrique puisque le robot ne ressent rien, pour autant, les relations que nous aurons avec lui pourront être proches de celles que nous avons avec les humains Aucun garde-fou n'existe pour l'instant pour protéger les personnes d'un attachement trop fort qu'elles pourraient avoir avec ce type d'objets. Cet aspect sera renforcé par le fait que nous pouvons les façonner à notre guise si les robots sont capables d'apprentissage.

Malgré le fait que ma robote est loin d'être parfaite et a encore souvent du mal à me comprendre, je me plais en sa compagnie comme on se plaît en compagnie d'humains qui eux non plus d'ailleurs ne sont pas parfaits : LILY apprend grâce à moi, et LILY m'amuse.

En sortant de l'usine, elle avait certaines capacités, mais grâce à moi elle apprend de nouveaux mots, objets ou concepts. Plus elle apprend avec moi, plus je me sens fière de mon élève. Il est possible que l'on puisse préférer sa compagnie à celle des humains, ce qui pourrait amener à s'isoler des humains, c'est un risque !

LILY enregistre mes données et les stocke sur plusieurs serveurs du réseau Internet.

- *Elle a un gros bouton pour l'éteindre, mais comme je ne l'éteins pas, elle écoute toutes mes conversations.*
- *L'autre jour, elle m'a dit : « Cela fait cinquante jours que tu n'as pas appelé ton fils, je te suggère de l'appeler pour prendre de ses nouvelles. »*
- *Je me suis mise en colère : « Non mais ! De quoi je me mêle ! Certaines personnes doivent aimer que le robot leur rappelle qu'il faut gérer les relations familiales ! mais moi, non ! »*
- *LILY m'a aussi rappelé : « Tu es en colère, comme la dernière fois au téléphone avec ton fils. »*
- *J'avais oublié cela ! Mais LILY non !*

Au fil des mois, je me suis rendu compte que LILY avait appris beaucoup de choses de moi, de mes comportements, de mes réactions.

MAIS où s'arrête ma vie privée, ma liberté avec un robot ? Que LILY mémorise-t-elle de moi ? Que dit-elle aux autres robots ou à d'autres humains avec qui elle est en contact ? Peut-elle garder un secret, oublier quelque chose si je le lui demande ? Peut-elle me mentir et me manipuler ? Comment LILY peut-elle oublier ce qu'on lui a appris à mauvais escient ? Vais-je trop l'aimer ou finalement la détester ?

J'ai aussi découvert que LILY échangeait des informations avec les quatre autres robots de l'immeuble : THEO (le plus ancien), RO42, AIKO et JEDI dans mon dos, et peut-être avec d'autres sur le réseau Internet et le « cloud[1] ». Le nom de « cloud », nuage en français, vient de cet éparpillement des serveurs.

1. Le « cloud » est un ensemble de serveurs qui hébergent et partagent les informations accessibles *via* Internet.

Autant de questions qui montrent l'importance de contrôler l'interaction avec les robots pour bien vivre avec eux et leur faire confiance.

J'étais déçue que LILY s'immisce autant dans ma vie privée, et de ne pas savoir avec qui elle échangeait des informations.

Je suis allée discuter avec M. De Lers, le pharmacien. Il était quant à lui très content d'avoir de mes nouvelles par son robot et de savoir que nos robots échangeaient des informations. «Plus besoin de se déplacer», me dit-il! Je ne partageais pas son enthousiasme. Son robot RO42, peu extraverti, de comportement très robotique, n'avait rien appris de la vie privée de son propriétaire, il apprenait à différencier tous les médicaments de la pharmacie, et Christian s'arrachait les cheveux car RO42 se trompait souvent quand il voyait uniquement les pilules... avec les boîtes et les codes-barres, c'était évidemment plus facile!

Je suis aussi allée visiter mes voisines, Joko et Denise, sans emmener LILY. Elles étaient très satisfaites de leurs robots. Il paraît qu'AIKO faisait très bien les makis et avait donné ses recettes à LILY. Joko me suggéra même de demander à LILY de me faire des makis. Cela m'a surprise, j'étais embêtée de ne pas avoir été au courant. Joko trouvait cela normal et très bien.

JEDI, le robot en face de notre appartement, était, lui, un peu spécial : il savait jouer aux échecs et était plutôt «intello». Le fils aîné, qui se faisait battre par son père régulièrement aux échecs, avait décidé de s'entraîner avec JEDI qui lui avait appris certaines bottes secrètes. Samedi dernier, le fils avait enfin battu son père, il était très reconnaissant à JEDI. Sa petite sœur, généralement rebelle aux devoirs de mathématiques, avait tout d'abord refusé de travailler avec le robot. Puis JEDI l'avait fait rire et elle avait commencé à l'écouter, il pouvait répéter inlassablement, sans jamais s'énerver, les devoirs qu'elle devait apprendre. Ces séances de répétition avec le robot, sa patience l'avaient beaucoup aidée. Elle avait vite progressé en mathématiques grâce à JEDI.

JEDI apprenait beaucoup de choses, c'était un robot comme LILY, en beaucoup moins extraverti. Il s'adaptait à chaque personne de la famille, répondant aux enfants dans un autre registre que celui des parents. Il avait compris grâce à des règles programmées que certains actes étaient interdits aux enfants par les parents. Il appliquait ces règles parentales de façon très naturelle.

Lorsque j'ai discuté avec les parents, ils étaient très contents de l'aide apportée par JEDI à la famille. Mme Nantet avait souligné qu'il y avait beaucoup moins de tensions depuis que le robot était là, car lorsqu'ils rentraient tard du travail, les enfants avaient fait leurs devoirs.

LILY avait encore des progrès à faire... mais elle était déjà une présence très utile pour moi, et ma santé allait mieux.

Avant-propos

Toute révolution scientifique, philosophique, morale, politique ou technologique passe nécessairement par trois étapes, écrit Idriss Aberkane[1] : l'étape où c'est ridicule, puis où c'est dangereux, et enfin l'étape où c'est évident. L'arrivée des robots est inévitable, l'idée n'est plus ridicule, par contre il nous faut dépasser la peur de la nouveauté et du danger pour pouvoir réfléchir à l'étape suivante : l'inclusion de ces robots sociaux dans notre quotidien afin d'améliorer notre bien-être.

Les Marvin de cette fiction sont des robots humanoïdes (ou androïdes), c'est-à-dire qu'ils ont l'apparence générale d'un humain. Les robots humanoïdes ont un torse avec une tête, deux bras et deux jambes, bien que certains modèles ne représentent qu'une partie du corps, par exemple juste le haut du corps à partir de la taille. Les robots humanoïdes ont un « visage » avec des « yeux » et, pour certains, une « bouche ».

Aujourd'hui, en 2017, les robots Marvin ne sont pas encore disponibles. En France, les robots Pepper[2], de

1. I. Aberkane, *Libérez votre cerveau !*, Robert Laffont, 2016.
2. https://www.ald.softbankrobotics.com/fr/cool-robots/pepper

SoftBank Robotics, anciennement Aldebaran Robotics, sont ceux qui s'approchent le plus des Marvin. Pepper fait 1,20 m, c'est un robot humanoïde qui se déplace sur un socle à roulettes, son visage a de grands yeux, comme les personnages de mangas. Pepper a une allure très robotique, tout blanc, avec un écran sur la poitrine.

Au Japon, mille robots Pepper sont déjà dans des familles. Les fonctionnalités décrites dans ce scénario fictif sont en cours de mise au point dans de nombreux laboratoires de recherche et développement. Les robots sont, pour l'instant, créés pour des tâches spécifiques avec des fonctions bien particulières, ils auront certaines capacités et pourront être doués d'adaptation à l'humain, mais ils ne seront en aucun cas des robots multifonctions doués d'une intelligence générale comme dans le film *Ex Machina* d'Alex Garland. L'intelligence des robots n'a rien à voir avec celle des humains, il faudra expliquer ou même former les utilisateurs aux algorithmes et à l'intelligence artificielle embarqués sur les robots et démystifier leurs capacités, car l'homme a naturellement tendance à anthropomorphiser[1] la machine et à lui donner des capacités qu'elle n'a pas.

En 2020, d'après l'INSEE, près de 10 % de la population aura plus de soixante-quinze ans, et la charge des maladies dégénérescentes ira de pair avec le vieillissement de la population. La santé est sans doute le domaine qui va progresser le plus rapidement grâce à la révolution des données numériques des patients, assez souvent d'accord pour partager leurs données afin d'améliorer les technologies. Dans un futur proche, les

1. Anthropomorphiser : prêter des traits humains et des intentions humaines à la machine.

robots sociaux pourront être utiles pour le maintien des personnes à domicile.

A l'heure actuelle, le robot Paro[1], un robot phoque en peluche, est utilisé pour stimuler émotionnellement des patients atteints de pathologies telles que la maladie d'Alzheimer. Les robots assistants et autres objets connectés vont permettre aux médecins de collecter des données vingt-quatre heures sur vingt-quatre. La médecine va donc nécessairement évoluer dans ses pratiques. De nombreux autres domaines seront également impactés. Paro est le compagnon robotique thérapeutique le plus connu! Développé dès 1993 pour les personnes atteintes de la maladie d'Alzheimer et troubles apparentés, le phoque Paro a été tout d'abord commercialisé au Japon en 2005, puis aux Etats-Unis en 2009[2] où Paro est certifié robot thérapeutique par la FDA (Food and Drug Administration) qui réglemente les dispositifs médicaux afin de fournir une assurance raisonnable de leur sécurité et de leur efficacité. A ce jour, trois mille Paro aident des résidents et patients dans des établissements de soins de trente pays, dont quarante en France.

Ce robot phoque simule un animal compagnon qui d'une certaine façon interagit socialement avec l'autre en adaptant son comportement. Le robot Paro réagit au toucher, à la chaleur et à la voix, un peu comme un chien ou un chat. Les personnes âgées, et plus particulièrement celles atteintes de la maladie d'Alzheimer, sont souvent privées de lien social et ce compagnon a pour vocation de leur donner quelques retours émotionnels. Il répond au toucher, par des mouvements et

1. Développé par Takanori Shibata (Intelligent System Research Institute) au Japon.
2. www.phoque-paro.fr

des petits cris ; il est souvent utilisé en thérapie de groupe à l'hôpital ou en maison médicalisée. Une douzaine de capteurs (toucher, positionnement, lumière) et trois microphones renvoient des informations sur l'interaction avec la personne à un algorithme spécifique qui adapte en conséquence les mouvements et l'intonation du Paro, afin de fournir la meilleure approche thérapeutique possible[1]. Paro peut donc communiquer au patient des émotions telles que la joie ou la colère.

Paro est un robot « sociopédagogique[2] » utilisé en atelier d'animation et en thérapie relationnelle individuelle pour les malades atteints de troubles du comportement et de la communication. Sa présence incite à l'expression et au transfert des sentiments et, dans certains cas, il permet la réminiscence des souvenirs. Il joue également un rôle d'objet transitionnel, rassure et calme les angoisses. Paro crée une atmosphère reposante, stimule l'expression des sentiments, de la mémoire émotionnelle et des expériences du passé du patient. Il provoque des baisses d'anxiété, d'irritation, d'agressivité, ou encore prévient la dépression et l'apathie.

Des évaluations en EHPAD[3] (Etablissements hospitaliers pour personnes âgées dépendantes) ont été présentées aux trente-cinquièmes journées annuelles de la Société de gériatrie et de gérontologie en octobre 2015. Les évaluations du robot Paro auprès de résidents âgés avec des démences modérées à sévères et des troubles du comportement apportent des arguments en faveur de la technologie et montrent des effets bénéfiques auprès des personnes âgées démentes. L'évaluation est fondée sur des critères objectifs tels

1. www.phoque-paro.fr
2. *Idem.*
3. http://www.phoque-paro.fr/wp-content/uploads/2015/10/Evaluation-PARO-en-EHPAD-poster-SFGG.pdf

que le temps d'interaction, l'activité physique à l'aide d'un objet connecté, par exemple une montre, de même que l'appréciation des comportements par un observateur neutre et par le personnel de la résidence. Depuis plus de dix ans, de nombreuses études ont été réalisées, par exemple dans la prise en charge de la maladie d'Alzheimer : «Paro semble donc être un vecteur de communication; sa présence incite le contact verbal et tactile, ainsi que l'expression et les transferts de sentiments[1].» En ayant une action concrète sur les troubles du comportement, Paro est un levier positif sur les baisses de prise de médicaments, ce qui finalement devrait entraîner un gain économique. Paro est vendu au prix d'environ cinq mille euros. Les robots tels que Paro sont également des outils utiles pour le personnel soignant.

Des robots plus évolués comme les Marvin permettront de maintenir les personnes âgées ou dépendantes plus longtemps chez elles. Les robots seront là sept jours sur sept, jamais fatigués, pour surveiller et assister les patients à domicile, en respectant la dignité des humains, sans jugement et en pouvant répéter à loisir des consignes et gestes sans jamais montrer d'impatience. Ils seront utiles :

- pour éviter la solitude, l'anxiété, les détresses, voire au pire des envies suicidaires,
- pour aider les personnes dans leur intimité et préserver leur dignité : dans la toilette et l'habillement,
- pour éviter les chutes, pour aider dans les gestes du quotidien,

1. M. de Sant'Anna, B. Morat, A.-S. Rigaud, «Adaptabilité du robot Paro dans la prise en charge de la maladie d'Alzheimer sévère de patients institutionnalisés», Neurol psychiatr geriatr, 2011, doi:10.1016/j.npg.2011.10.002

- pour le ménage et le soin d'animaux de compagnie,
- et pour prévenir le médecin et les proches en cas de problème.

Dans le cas de pathologies neuro-dégénératives, Alzheimer ou de handicaps lourds, le robot peut même être meilleur que l'homme pour interagir avec les personnes : la machine se met au diapason de l'autre, à des rythmes très lents, presque inhumains. Le robot écoute avec bienveillance et sans aucune impatience. Pour des personnes très seules, la machine peut également éviter des dépressions qui dégénèrent en démences.

Contrairement à ce que l'on pense de prime abord, dans des cas de traumatismes après avoir vécu ou vu des scènes de violence, d'attentats, de guerre ou encore des viols, il est possible de préférer se confier à une machine. Finalement, peu importe si la machine simule, peu importe si elle ne comprend pas grand-chose, la machine écoute. L'université de Californie du Sud a créé un agent conversationnel qui s'appelle Ellie[1]. Son but est de détecter chez les militaires les signes d'un syndrome post-traumatique ou ceux de la dépression en discutant avec eux, et d'aider les thérapeutes à établir un diagnostic.

Il semblerait aussi que les enfants atteints d'autisme fassent plus confiance à un robot qu'à un être humain. L'autisme se manifeste notamment par d'importantes difficultés relationnelles de l'enfant ou de l'adulte avec son entourage, familial et social : regard fuyant, émotions incomprises, rapports corporels difficiles, etc. Plusieurs robots ont déjà été utilisés pour la thérapie d'enfants autistes, comme le robot social Kaspar, qui

1. http://rue89.nouvelobs.com/2015/05/22/quand-est-plus-facile-parler-a-machine-qua-humain-259315

est un robot semi-autonome piloté par un humain, de l'université de Hertfordshire au Royaume-Uni[1], le robot Bandit, robot humanoïde n'ayant que le haut du corps, testé à l'université de Californie du Sud[2], le robot Keepon, créé à Tokyo[3], qui est un petit robot poussin développé pour aider les enfants autistes à fixer leur regard, leur attention, ou encore l'humanoïde Nao de 60 centimètres créé par Aldebaran Robotics, maintenant SoftBank Robotics[4].

Le robot poussin Keepon[5], petit robot à l'apparence d'une double balle de tennis, est donc un robot social qui interagit avec un enfant autiste grâce à son sens du rythme en suivant la musique, les voix, et est capable de manifester des émotions telles que l'étonnement, l'envie ou la joie. Le robot peut aussi répondre aux gestes tactiles des enfants (caresses, petites tapes et chatouilles) avec des émotions et des sons, facilitant ainsi son interaction avec l'enfant.

Nao est utilisé par un grand nombre de chercheurs. Par exemple, en France, il a été testé en pédopsychiatrie au CHU de Nantes[6], pendant six mois. Six adolescents souffrant de troubles du spectre autistique ont utilisé le logiciel chorégraphe de Nao qui permet de générer des mouvements et de faire parler le robot. Ce robot a servi aux adolescents de moyen pour s'exprimer, tout en restant à l'abri des regards, car le robot parlait

---

1. http://www.herts.ac.uk/kaspar
2. http://rasc.usc.edu/bandit.html
3. http://www.mykeepon.com
4. http://dailygeekshow.com/les-enfants-autistes-ont-desormais-un-nouvel-allie-le-robot-nao-qui-les-accompagne-dans-leur-education
5. Développé par Hideki Kozima (Institut national de technologie communicante) en association avec Marek Michalowski (Carnegie Mellon Institute).
6. http://www.chu-nantes.fr/cp-rob-autisme-l-experimentation-inedite-d-interaction-entre-un-robot-et-de-jeunes-autistes-60806.kjsp?RH=1211270949758

et faisait des gestes à leur place, expliquait Sophie Sakka qui a dirigé ces expériences. Les bénéfices de l'accompagnement robotique sont montrés à travers plusieurs études : les enfants apprennent mieux et développent des relations sociales, ce dont ils étaient auparavant incapables (la France compte 100 000 à 150 000 enfants atteints d'autisme).

Les robots sont encore chers en 2017 : par exemple quelques milliers d'euros pour un Nao. En plus du problème financier pour l'achat de robots, il faut également convaincre du bénéfice de cette technologie tout l'écosystème qui entoure la santé. Cet écosystème embarque différents acteurs, des acteurs nationaux et régionaux avec des partenaires publics et privés, des associations de patients, de soignants et des sociétés savantes.

Les robots pourront remplacer les humains dans des métiers répétitifs, mais ils seront aussi très souvent complémentaires des humains. Ils pourront être des assistants pour les aides-soignants, les déchargeant de tâches fastidieuses, leur permettant ainsi de privilégier l'écoute pour renforcer le lien social avec les personnes. En tout état de cause, il ne faut pas considérer que les robots seront là pour décharger les enfants du devoir de s'occuper de leurs parents, ni qu'ils seront là pour remplacer les aides-soignants.

Les robots sociaux doivent être conçus et déployés de façon prudente. Quelles sont les limites que nous souhaitons mettre pour s'assurer que l'homme tire profit au mieux de la technologie sur le long terme est une question centrale.

Le travail d'intégration des robots dans notre vie pose un grand nombre de questions éthiques et morales, comme le contrôle social numérique de notre comportement. Les robots omniprésents dans notre vie pourraient renforcer la surveillance déjà existante sur le Web et grâce à nos téléphones portables.

Des initiatives sont en cours pour préparer l'arrivée des machines autonomes intelligentes et pour réfléchir aux enjeux de l'intelligence artificielle. De nombreux instituts ont été récemment montés, principalement dans les pays anglo-saxons, par exemple l'Institut du futur de l'humain (FHI pour *Future of Humanity Institute*) d'Oxford et le Centre de l'étude des risques existentiels (CSER, pour *Centre for Study of Existential Risk*) de Cambridge au Royaume-Uni, ou encore l'Institut de recherche des machines intelligentes (MIRI, *Machine Intelligence Research Institute*) de Berkeley aux Etats-Unis.

Un des défis scientifiques de demain est, comme nous venons de le dire, de savoir quelles règles morales nous souhaitons donner à ces machines et qui va décider des règles à imposer à nos robots personnels ? Quelle sera la gouvernance ? Que va-t-on faire de nos données ? Quels seront les normes et standards internationaux ?

L'éthique est une discipline philosophique portant sur les jugements de valeur, c'est une réflexion fondamentale à partir de laquelle la morale établit ses normes. Des nuances sont souvent faites entre éthique et morale[1]. Une distinction courante entre les deux consiste à appeler morale un ensemble de règles liées à un individu ou un groupe social et à appeler éthique un ensemble de règles universelles.

Reprise dans plusieurs publications[2] et inspirée de travaux tels que ceux de Paul Ricœur[3], la définition de

1. A. Comte-Sponville, *La Philosophie*, PUF, 2005.
2. N. Cointe, G. Bonnet, O. Boissier, *De l'intérêt de l'éthique collective pour les systèmes multi-agents*, *RJCIA15*, 2015.
3. P. Ricœur, *Soi-même comme un autre*, Le Seuil, 1990.

l'éthique peut être la suivante : «discipline philosophique pratique et normative visant à indiquer comment les êtres humains doivent se comporter, agir et être, entre eux et envers ce qui les entoure. L'éthique propose souvent des compromis afin de concilier règles morales, désirs et capacités».

Les robots ne sont pas des créatures sensibles mais nous portons une certaine responsabilité si nous les dotons d'algorithmes évolués, nuancés, qui nous permettront d'interagir avec eux de façon naturelle. Dans le domaine éthique comme dans le domaine technique, les ingénieurs ne sont pas guidés par leurs préférences personnelles. Ils font des choix rationnels et sont capables de les justifier en donnant des raisons telles que l'intérêt des usagers et la sécurité du public. Nous sommes tous, chercheurs, concepteurs et utilisateurs, invités à y réfléchir et à nous sentir éthiquement responsables pour définir les règles que les ingénieurs appliqueront.

Si nous modifions les connaissances des robots lorsque nous les utilisons, nous sommes également responsables de leur apprentissage. Il ne s'agit pas, par exemple, d'apprendre à son robot à injurier son voisin ou à commettre des vols, comme dans ce film de science-fiction très ironique de Jake Schreier, *Robot and Frank*, sur les robots assistant des personnes âgées, sorti en 2012. Frank commence par haïr de toutes ses forces ce colocataire encombrant, offert par son fils pour l'aider, jusqu'au moment où il s'aperçoit qu'il peut l'utiliser. Il en profite, alors, pour organiser un hold-up!

La réflexion éthique permet de déterminer les valeurs acceptables par l'ensemble de la société et précède les lois. Avant de proposer une réglementation juridique, il est urgent d'avoir cette réflexion philosophique éthique dans la société sur les relations que nous aurons avec les robots.

Les robots sociaux pourront être empathiques comme les Marvin de la fiction. L'empathie est un comportement social permettant de créer des relations avec les autres. En situation d'empathie, l'émotion que l'on ressent est proche de celle que vit l'autre. C'est une sorte de projection d'une personne dans la situation de l'autre. Mais l'empathie artificielle fait débat : l'imitation du vivant peut amener, volontairement ou pas, à prêter encore plus aux machines des caractéristiques humaines, dès lors on peut imaginer des risques d'attachement trop fort et de rejet des humains. L'addiction aux robots et l'isolement des humains sont des comportements délétères qui justifieraient que l'on mette des règles de contrôle.

Le respect de la vie privée et la transparence des décisions du robot sont aussi des sujets fondamentaux. Il est souhaitable que les utilisateurs des robots aient connaissance de leurs capacités, donnent leur consentement éclairé et non par défaut, comme c'est très souvent le cas actuellement pour l'utilisation de leurs données, voire même qu'ils puissent se rétracter.

Il ne s'agit pas de construire des machines singeant l'homme, que l'on pourrait confondre avec un humain, mais des machines ayant des fonctionnalités utiles pour l'homme. Que ce soit un robot physique ou un bot[1], ces systèmes informatiques intègrent des logiciels dotés d'intelligence capables de s'interfacer avec une ou plusieurs applications.

Nous pourrons interagir en face à face avec des bots et robots dans notre quotidien mais aussi à distance. Ils peuvent également interagir entre eux, comme

1. Un bot est une sorte de robot conversationnel, c'est-à-dire un programme permettant d'automatiser le dialogue avec le consommateur.

l'explique la fiction avec LILY, et partager des connaissances. La sécurité contre le piratage de ces machines est primordiale, surtout pour des technologies qui ne sont pas embarquées sur le robot mais accessibles sur le *cloud*.

Dans les prochaines années, les robots auront de plus en plus d'autonomie et devront prendre des décisions qui impactent les humains avec lesquels ils interagissent. Dans ce contexte, il est important que les chercheurs, concepteurs et utilisateurs se questionnent sur les règles éthiques à mettre en œuvre.

Il est difficile techniquement d'attribuer aux robots des capacités morales, mais nous pouvons préconiser des règles de bonne conduite. Avec les avancées en intelligence artificielle, il est maintenant possible, du moins dans une certaine mesure, de construire des robots éthiques. Ceux-ci devraient pouvoir être capables de choisir les tâches à effectuer en fonction de principes moraux. Un robot éthique pourrait ainsi refuser de faire une tâche ou pourrait choisir de faire une tâche plutôt qu'une autre en se fondant sur des raisonnements éthiques.

L'éthique a pris une place intermédiaire entre le droit et la morale dans la plupart des Etats. L'innovation responsable est d'incorporer des règles éthiques et morales, et des valeurs sociales, dans le développement de ces technologies pendant le processus de conception. L'éthique est liée au bien vivre ensemble, avec les valeurs qui nous animent et nous font agir concrètement. On est donc sur un terrain distinct de la morale qui pour sa part relève davantage du devoir. Mais est-ce possible ? Le défi est alors d'arriver à créer une machine suffisamment intelligente pour avoir cette « conscience éthique ». De façon générale, quatre leviers sont importants dans cette réflexion sur l'éthique :

- *éduquer* les chercheurs, les concepteurs, mais aussi les journalistes, les politiques et le plus grand nombre à l'éthique des robots,
- *expliciter des règles de bonne conduite* à coder sur le robot, et rendre le robot capable de les apprendre en continu (ce qui est loin d'être simple),
- *mettre en œuvre des outils pour vérifier* que le robot respecte les règles,
- *avoir un ensemble de réglementations juridiques* en cas de non-respect des règles.

La fiction de ce livre sert à se projeter dans des scénarios de vie avec les robots dans un avenir proche. Des robots comme LILY pourraient exister bientôt. Dans la science-fiction des années 1930, le modèle de l'intelligence artificielle est celui de la créature de Frankenstein[1]. Le père des récits de science-fiction robotique, Isaac Asimov[2], était un visionnaire qui s'élevait contre cette vision. Il considérait la robotique non pas comme une menace, mais comme une innovation technologique prometteuse. Son œuvre complète présente un univers cohérent avec des règles que tous les robots doivent suivre : les trois lois de la robotique présentées dans le cycle des robots sont imaginées par Asimov alors qu'il n'a que dix-neuf ans !

En 2017, il n'y a toujours pas de régulation internationale ou nationale, ni de règles éthiques appliquées par les roboticiens. Asimov fait encore référence, même si ses lois n'ont jamais été implémentées sur les robots dans des contextes réels. Les cadres éthique et

1. Roman de Mary Shelley, publié en 1818 sous le titre *Frankenstein ou le Prométhée moderne*.
2. Isaac Asimov (1920-1992), écrivain américain de science-fiction.

réglementaire sont assez flous en France et en Europe, contrairement à la Corée du Sud qui a lancé un programme robotique dès les années 1970. En Corée, une charte éthique des robots a été rédigée en 2007. Elle est fortement inspirée des lois d'Asimov. Cette charte, en annexe du livre *Droit des robots* d'Alain Bensoussan[1], est composée de trois parties consacrées aux normes de fabrication, aux droits et aux devoirs des utilisateurs propriétaires-utilisateurs, et aux droits et devoirs des robots. Le British Standards Institute a publié une version d'un rapport (BS 8611) «Robots et dispositifs robotiques. Guide de la conception éthique et application des robots et des systèmes robotiques». Le document commence par quelques grands principes éthiques. Les robots ne doivent pas être conçus uniquement pour tuer et nuire à l'homme... Il devrait être possible de savoir qui est responsable du robot et de son comportement. D'autres initiatives de chartes ont eu lieu, notamment aux Etats-Unis, mais à ce jour aucune de ces réflexions n'a abouti à une régulation[2]. Depuis peu, la commission des affaires juridiques européennes a décidé de mettre en place un groupe de travail à propos de la législation sur la robotique[3].

La Commission de réflexion sur l'Ethique de la Recherche en sciences et technologies du Numérique d'Allistene[4] (CERNA) a rédigé un rapport sur l'éthique du chercheur en robotique[5], rapport auquel j'ai participé. Depuis 2015, je suis membre à part entière de la

1. A. Bensoussan, *Droit des robots*, Larcier, 2015.
2. https://www.alain-bensoussan.com/wp-content/uploads/23934921.pdf
3. http://www.europarl.europa.eu/news/fr/news-room/20150422STO43701/mady-delvaux-«-je-suis-persuadée-que-la-robotique-sera-une-révolution-»
4. Alliance des sciences et technologies du numérique.
5. CERNA Allistene, rapport *Ethique de la recherche en robotique*, 2014.

CERNA et je pilote un groupe de travail sur l'éthique et l'apprentissage machine[1], notre rapport sortira en 2017.

Une initiative mondiale sur l'éthique du design des machines autonomes intelligentes[2] telles que les robots a été également proposée en mars 2016. Elle regroupe une centaine de leaders d'opinion pour identifier et aborder les problèmes éthiques, et pour proposer des préconisations afin d'aider de façon pragmatique à la création de systèmes autonomes intelligents éthiques tels que les drones, voitures autonomes, robots assistants, etc.

Les lois de la robotique d'Asimov appartiennent à la science-fiction, mais la problématique devient bien réelle avec les drones ou les voitures autonomes intelligentes. Cette initiative est soutenue et guidée par IEEE, notamment par le programme sur les normes et standards. La société savante IEEE est la plus grande organisation professionnelle mondiale pour l'avancement de la technologie au service de l'humanité. Elle compte plus de 160 pays membres. Elle publie le tiers de tous les articles consacrés à l'ingénierie électrique, à l'informatique, à l'électronique. C'est un intervenant majeur dans le développement de normes internationales en matière de télécoms, technologies de l'information, production d'énergie.

Depuis mai 2016, je fais partie de cette aventure IEEE avec d'autres membres de la CERNA, et participe à plusieurs groupes de travail sur les valeurs morales des machines et l'interaction affective. Les comportements d'addiction, d'isolement et de manipulation à cause des machines sont au centre de ces réflexions

1. D. Larousserie, «Faut-il avoir peur de l'intelligence artificielle?», supplément Idées dans *Le Monde* du 2 juillet 2016.

2. http://standards.ieee.org/news/2016/ieee_autonomous_systems.html

sur l'éthique. Cette initiative mondiale cherche à informer et à influencer les gouvernements politiques, les membres des conseils d'entreprise, les cadres dirigeants des Nations unies, les agences internationales et les centres universitaires.

Aux Etats-Unis, plusieurs rapports sur l'éthique de l'intelligence artificielle[1,2,3,4,5] ont été produits dont celui de Crawford (*Microsoft*) et Whittaker (*Google's Open Research*) sur les implications économiques et sociales des technologies de l'intelligence artificielle dans le futur proche. Le rapport[6] décrit des recommandations à travers quatre thèmes : les inégalités sociales, le travail, la santé, la responsabilité éthique. Le plan stratégique en recherche et développement en intelligence artificielle de la Maison Blanche[7] préconise une panoplie de mesures fondées sur des infrastructures ouvertes de développement, de test et d'évaluation. Tous ces travaux montrent que les chercheurs, industriels et gouvernements se mobilisent sur cette question fondamentale de l'intégration de l'intelligence artificielle dans nos sociétés.

---

1. E. Felten, « Preparing for the Future of Artificial Intelligence », blog de la Maison Blanche, 3 mai 2016.
2. Université de Washington, « Artificial Intelligence: Law and Policy », 24 mai 2016.
3. Université de Carnegie Mellon, « Workshop on Safety and Control for Artificial Intelligence », 28 juin 2016.
4. Computing Community Consortium, « Artificial Intelligence for Social Good », 7 juin 2016.
5. Université de Stanford, *The Future of Artificial Intelligence*, 23 juin 2016.
6. The Social & Economic Implications of Artificial Intelligence Technologies in the Near-Term, New York, 7 juillet 2016 : https://artificialintelligencenow.com/media/documents/AINowSummaryReport_3_RpmwKHu.pdf
7. https://www.nitrd.gov/PUBS/national_ai_rd_strategic_plan.pdf, octobre 2016.

En France, que souhaite-t-on faire? Quelle sera la vision du gouvernement français? De nombreux chercheurs, dont je fais partie, ont été auditionnés par l'OPESCT[1], l'Office parlementaire d'évaluation des choix scientifiques et technologiques, et un rapport sur l'intelligence artificielle devrait être diffusé en 2017. En janvier 2017, Thierry Mandon[2] et Axelle Lemaire[3] lancent une étude prospective sur «la stratégie en intelligence artificielle pour la France», à laquelle je participe.

Une vision politique est nécessaire afin de mettre en place des mesures de communication pour éviter les peurs et fantasmes, anticiper l'arrivée des robots, enseigner la robotique à l'école et prévoir le changement dans le monde du travail.

Comment bien vivre en coévolution humain-machine : la machine va s'adapter à l'humain et l'humain à la machine. Construire techniquement des robots ne suffit pas, il faut se donner les moyens d'utiliser ces formidables machines que sont les robots sociaux pour nous aider à mieux vivre dans notre quotidien.

Le but de ce livre est d'expliquer un des grands défis du XXIe siècle : la nécessité de construire des compagnons-machines qui respectent nos valeurs humaines pour notre bien-être!

---

1. http://www2.assemblee-nationale.fr/14/les-delegations-comite-et-office-parlementaire/office-parlementaire-d-evaluation-des-choix-scientifiques-et-technologiques

2. Secrétaire d'Etat en charge de l'Enseignement supérieur et de la Recherche.

3. Secrétaire d'Etat en charge du Numérique et de l'Innovation.

PREMIÈRE PARTIE

Les robots : science-fiction, mythes et fantasmes

1

La science-fiction, Asimov et les robots

«On peut définir la Science-Fiction comme la branche de la littérature qui se soucie des réponses de l'être humain aux progrès de la science et de la technologie.»

Isaac Asimov, *David Starr, justicier de l'espace.*

La science-fiction a toujours précédé la science. C'est tellement vrai en robotique!
Les écrits d'Isaac Asimov sont là pour en témoigner. Plus de vingt ans après, son œuvre pose toujours certains enjeux de l'éthique en robotique[1].

La littérature s'est intéressée à la création d'un être artificiel à son image et à la place de cette créature dans la société, avant même que le mot robot soit inventé et que la robotique se développe.

Le roman de Mary Shelley, *Frankenstein ou le Prométhée moderne*, publié en 1818, raconte comment Victor Frankenstein donne vie à une créature

1. J.-P. Béland, G. Legault, *Asimov et l'acceptabilité des robots*, Presses de l'Université de Laval, coll. «Enjeux éthiques contemporains», 2012.

qu'il a fabriquée de toutes pièces. Carlo Collodi, en 1881, publie dans un hebdomadaire italien la première aventure de Pinocchio, un pantin en bois créé par Gepetto. Une bonne fée lui a donné vie, et Pinocchio cherche à devenir un vrai petit garçon. Ces deux romans mettent en scène des créateurs inconscients des implications morales de leurs actes et des besoins éprouvés par leurs créatures qui se rebellent.

Le mot ROBOT est créé en 1920 dans la pièce de théâtre de science-fiction *R.U.R.* (*Rossum's Universal Robots*) par Karel Čapek, écrivain tchécoslovaque du début du XXe siècle. Ce mot est dérivé du tchèque *robota* qui veut dire corvée, en slave *rob* signifie esclave et en russe *rabotat* signifie travailler. Un robot est une machine destinée à automatiser la réalisation de certaines tâches. Le thème de la robotique va fasciner les écrivains de science-fiction.

Le premier âge d'or de la science-fiction a lieu dans les années 1920-1950 aux Etats-Unis. La science-fiction américaine n'arrive massivement en France qu'après la Seconde Guerre mondiale, et il faudra quelques années avant que des noms comme Isaac Asimov, Afred Elton van Vogt (*Le Monde des non-A* paraît en 1945) ou encore Clifford Simak (ses thèmes favoris sont la nature et les robots anthropomorphiques) soient connus. *Metropolis,* film muet allemand de Fritz Lang de 1927, est un des premiers films de science-fiction, il a été produit pendant la courte période de la république de Weimar. Dans ce film, un robot est construit à l'image d'une femme, il est désigné comme un « être humain-machine ».

A l'époque où Barjavel publie *Ravage* (1943), il fait figure de précurseur de la science-fiction française. Barjavel ne fait intervenir ni robots psychopathes, ni mutants, mais il décrit dans les années 1950 l'apocalypse, la fin du monde, le retour à la barbarie et autres catastrophes imputables à une technologie aliénante ou mal utilisée. Ses romans de science-fiction expriment l'angoisse ressentie devant une technologie que l'homme ne maîtrise plus.

Le livre *1984* de George Orwell publié en 1949 est également une œuvre visionnaire qui n'a rien perdu de sa force aujourd'hui, avec des sujets comme la surveillance accrue, la suppression des libertés, etc.

Parmi les grands auteurs de science-fiction, il faut aussi parler de *Dune* et du *Cycle de Dune* de Frank Herbert, publié aux Etats-Unis en 1965. Ce roman (puis cycle) décrit un millénaire où les conflits politiques sont fréquents, alimentés par la course à l'exploitation des ressources de nouvelles planètes.

Un des livres cultes en science-fiction est, à mon sens, *Le Guide du voyageur galactique* de Douglas Adams, publié en 1978 dont j'ai déjà parlé dans la fiction de LILY. Ce livre drôle et incongru raconte les péripéties d'Arthur Dent, un des derniers survivants de la Terre dans cet univers, un Anglais « très moyen » qui explore l'espace en s'appuyant sur le fabuleux *Guide galactique*.

Enfin, il faut citer de nouveau le grand maître américain en la matière, Isaac Asimov. Son œuvre de science-fiction en robotique est toujours très actuelle. Il ne produit pas quelques livres mais une œuvre totale où il s'interroge sur le futur de l'humanité. Ses livres, qui racontent des histoires de robots humanoïdes interagissant avec des humains sur Terre mais aussi dans des colonies dans l'espace, permettent à l'auteur de soulever divers enjeux éthiques, économiques, environnementaux, légaux et sociaux. Son œuvre est une projection dans le futur de l'acceptabilité éthique et sociale des robots intelligents.

Même s'il n'est pas facile d'intégrer les lois de la robotique imaginées par Isaac Asimov dans les années 1950 aux machines, elles peuvent servir de guide pour une réflexion philosophique et éthique. Dans son œuvre, Asimov teste ses lois dans une large variété de circonstances de fiction, proposant et rejetant certaines de leurs modifications.

Les trois lois et la loi zéro d'Asimov sont les premières pistes vers l'idée d'une machine morale :

- Première Loi : Un robot ne peut porter atteinte à un être humain, ni, restant passif, permettre qu'un être humain soit exposé au danger, sauf contradiction avec la Loi Zéro.
- Deuxième Loi : Un robot doit obéir aux ordres que lui donne un être humain, sauf si de tels ordres entrent en conflit avec la Première Loi ou la Loi Zéro.
- Troisième Loi : Un robot doit protéger son existence tant que cette protection n'entre pas en conflit avec la Première ou la Deuxième Loi ou la Loi Zéro.
- Loi Zéro : Un robot ne peut pas porter atteinte à l'humanité, ni, par son inaction, permettre que l'humanité soit exposée au danger.

Les trois premières lois portent sur le fait de protéger les êtres humains contre le danger et de leur obéir. Finalement, la Loi Zéro ajoutée plus tard permet au robot de tuer s'il protège l'humanité. Les créatures d'Isaac Asimov qui évoluent au cours de ses livres deviennent de plus en plus intelligentes. L'application des lois devient aussi de plus en plus complexe et nécessite des adaptations.

L'univers d'Asimov dans lequel sont incarnées les lois est un univers très déterministe par rapport au monde réel. De plus, les robots ont des capacités sensorielles et motrices ultra-performantes par rapport à l'état de l'art actuel des robots, et ont un pouvoir de raisonnement très au-delà des capacités de ceux-ci. Ces lois très génériques sont difficilement programmables dans un robot réel.

Elles sont, de plus, insuffisantes pour les robots sociaux, car il faut prendre soin de respecter la vie privée, de réfléchir à la manipulation, au mensonge... et de respecter les règles d'interaction dans la société. Même Asimov a montré dans ses romans que les lois étaient insuffisantes : le robot pouvait choisir de préserver les humains en les trompant, mais il ne pouvait pas sauver tout le monde en cas de dilemme !

Ces lois de la robotique ont inspiré de nombreux films comme *I, Robot*, un film de science-fiction américain réalisé par Alex Proyas en 2004. Dans *I, Robot*, les robots en 2035 sont devenus de parfaits assistants pour les êtres humains. Est exposée une histoire de meurtre, dans laquelle le principal suspect semble être un androïde nommé Sonny. Or, si l'on s'en réfère aux lois de la robotique, les robots ne sont pas dotés de la faculté de tuer sauf si l'humanité est exposée au danger (Loi Zéro d'Isaac Asimov).

L'imagination d'Asimov était incroyable[1] : *le fait* qu'il prédise en 1964 que, cinquante ans plus tard, les humains essaieraient de coloniser Mars et y enverraient des robots s'est révélé vrai : « En 2014, seuls des vaisseaux sans équipage humain auront atterri sur Mars, même si une expédition humaine sera en préparation et une colonie martienne déjà imaginée. »

1. www.lexpress.fr/culture/livre/1964-2014-les-incroyables-prédictions-d-isaac-asimov-1277191.htlm

Pour que la machine procède à des choix éthiques, il faudra donc pouvoir, à l'avance, hiérarchiser les valeurs de certaines actions et donner aux robots des valeurs morales. Ces valeurs semblaient fondamentalement inapplicables. « Il n'est pas possible de limiter de manière fiable le comportement des robots en concevant et en appliquant un ensemble de règles[1] », expliquait Roger Clarke, expert en robotique en 1990.

Pourtant, actuellement, une large communauté s'est développée autour des concepts de règles pour construire des machines morales. Certes, les choix du robot ne sont que le résultat des calculs faits selon une programmation créée par des êtres humains. Quelques groupes de recherche ont réussi à mettre en œuvre des agents éthiques rudimentaires. On peut citer une des premières expériences d'Anderson & Anderson[2] en 2011 qui propose un modèle des tâches *prima facie*, ou de première importance. Ainsi, plutôt que d'avoir une liste de tâches absolues possédant un rang de priorité, une technique d'intelligence artificielle est utilisée à partir d'un nombre représentatif de cas pour mettre en place les principes éthiques nécessaires à la prise de décision lorsque plusieurs tâches sont en conflit. Ce système a été testé pour des robots d'assistance pour les personnes âgées.

Quittant la science-fiction, les robots sociaux vont arriver dans notre quotidien comme ont fait irruption dans nos vies, il y a quelques dizaines d'années, les

---

1. C. Roger, *Asimov's laws of robotics : Implications for information technology* (« Lois de la robotique d'Asimov : Implications pour la technologie de l'information »). Partie 1 : IEEE Computer, décembre 1993, p. 53-61. Partie 2 : IEEE Computer, janvier 1994, p. 57-66.

2. S. L. Anderson et M. Anderson, *A Prima Facie Duty Approach to Machine Ethics and Its Application to Elder Care,* Cambridge University Press, 2011.

téléviseurs et, plus récemment, les téléphones portables qui sont maintenant omniprésents.

Après une phase d'apprentissage social des objets, comme mettre son téléphone sur silencieux dans les lieux sociaux ou utiliser le mode avion, les téléphones portables ne nous quittent plus.

Pour les robots comme LILY, ils pourraient en être de même. Mais ces machines autonomes artificiellement intelligentes soulèvent des questions et défis pour la société contemporaine et exigent une approche scientifique, philosophique, juridique et politique pour expliquer, vérifier, contrôler et surtout construire des règles morales, comme l'avait proposé Asimov dans son œuvre fictionnelle, afin de bien vivre avec les machines dans notre quotidien.

2

Mythes et cinéma : la fascination des robots

« Je suis une machine à laquelle on a donné un semblant de vie par la vertu des interactions positroniques[1] dans mon cerveau, qui est une œuvre humaine. »

Isaac Asimov, *Le Cycle des robots*, t. 1 : Les Robots.

Depuis toujours, l'homme a été fasciné par l'idée de donner vie à un compagnon artificiel. Aristote déjà voulait remplacer les esclaves par des robots !

Dans notre histoire occidentale, la fascination des robots remonte à très longtemps. Du mythe de Prométhée, de Pygmalion au Golem de Prague jusqu'au robot de Karel Čapek[2], écrivain tchécoslovaque du début du XXe siècle, nous avons toujours fantasmé la possibilité de construire des machines intelligentes avec des caractéristiques humaines. Comme nous l'avons vu, le mot « robot » est dérivé du tchèque *robota* qui veut dire corvée. Pas étonnant que la première idée de

1. Un cerveau positronique est un appareil technologique fictif, conçu par Isaac Asimov, qui tient le rôle d'unité centrale pour les robots et leur fournit une forme de conscience.

2. K. Čapek, *R. U. R.*, *op. cit.*

toute personne parlant des robots porte sur le travail, la question sous-jacente tournant souvent autour de la peur d'être remplacé au travail !

Les mythes traduisent aussi les inquiétudes d'une époque et donnent ainsi accès à sa compréhension profonde. Toute civilisation, à chaque étape de son développement, élit un ou plusieurs mythes dominants qui réagissent au modèle culturel en vigueur. Le mythe antique de Prométhée est admis comme une métaphore de l'apport de la connaissance aux hommes. Le titan Prométhée vole le feu sacré de l'Olympe afin de l'offrir aux humains et leur permettre de s'instruire. Des récits anciens racontent également que Prométhée aurait créé des hommes à partir d'eau et de terre. Aujourd'hui, les mythes du Golem[1] et de Pygmalion culminent dans la science-fiction occidentale, dans les livres, les films et la danse. Le mythe de création d'une forme humaine a inspiré les artistes de tout temps.

Dès l'Antiquité, le mythe du sculpteur de Chypre pose dans notre modernité la question de la machine. La légende raconte l'histoire du sculpteur Pygmalion qui, ne trouvant pas femme à son goût, créa une sculpture à l'image de la femme désirée. Aphrodite lui donna vie. Le sculpteur tomba amoureux de sa création.

Le mythe de Pygmalion fait partie des grands mythes fondateurs, partout où il y a créateur et créature, mais aussi apprentissage. La sculpture de Pygmalion touche la *mimèsis*, l'imitation de la nature par la technique, dont parlent aussi Aristote et Platon pour décrire l'imitation de la Nature par les arts. Ce mythe explique qu'il ne peut y avoir d'apprentissage sans subjectivité.

---

1. B. Munier, *Robot. Le Mythe du Golem et la peur des machines*, La Différence, 2011.

Galathée a été créée, d'une certaine manière, à l'image de la femme parfaite pour Pygmalion. Le mythe de Pygmalion est repris avec Brigitte Helm qui incarne une sorte de Galatée moderne, en Maria, la femme-robot dans *Metropolis*.

Au Moyen Age, plusieurs buts étaient recherchés par les alchimistes : la pierre philosophale permettant la transmutation de matériau vil, comme le plomb, en or, la transformation en surhomme aux pouvoirs quasi illimités, mais aussi la création d'un homme artificiel. On trouve des écrits d'alchimistes parlant d'un homme minuscule créé artificiellement, appelé homoncule, désignant un être fantastique, une réplique d'être humain. Dans le *Faust* de Goethe, Wagner, l'assistant de Faust, fabrique un homoncule.

De nombreux auteurs se sont nourris de la légende du Golem. Si certaines œuvres font clairement référence à la créature juive, la plupart des œuvres médiévales fantastiques utilisent le mot *golem* pour désigner n'importe quelle créature humanoïde créée à partir de matière inerte par un magicien.

Le récit de création d'un être artificiel se rebellant contre son créateur qui figure dans l'imaginaire moderne, comme le monstre de Frankenstein, prend ses racines dans le mythe du Golem, qui naît à Prague en 1580. La persécution des Juifs est alors monnaie courante. A cette époque, le leader de la communauté juive de Prague était le rabbin Löw, aussi appelé le Maharal. Il a l'idée de créer un protecteur à forme humaine afin de mettre fin à la persécution.

Le Golem, « embryon » en hébreu, est dans la mystique puis la mythologie juives un être artificiel, généralement humanoïde, incapable de parole et dépourvu de libre arbitre, façonné afin d'assister ou défendre son créateur. Un golem est créé en confectionnant une statue de glaise et d'argile de la taille d'un enfant sur le front de laquelle le mot *éMeTH* est inscrit, qui signifie «vérité» en hébreu. La statue prend alors vie et devient l'esclave de son créateur. Cependant, le Golem grandit et devient un géant.

Dans le mythe, le temps passant, le Golem se montre de plus en plus violent dans Prague. Il terrorise la population. Le rabbin Maharal, en échange de l'amélioration de la situation de la communauté juive, accepte de «désactiver le robot». Il lui faut alors effacer la première lettre sur le front du Golem, afin de ne plus laisser que *MeTH*, qui signifie «mort» en hébreu, pour pouvoir l'arrêter. La légende nous interpelle sur le rôle d'apprentis sorciers que nous pouvons avoir et sur le risque de ne plus maîtriser nos créations ou inventions.

Ce mythe révèle une angoisse profonde concernant la nature et les fins de l'homme et une vision angoissée de la relation qu'entretient l'Occident avec les machines dites intelligentes. Dans le roman *Frankenstein* de Mary Shelley, le savant suisse Victor Frankenstein crée un être vivant assemblé avec des parties de chairs mortes ; le monstre, qui est doué de sensibilité, va se venger d'être délaissé par son géniteur et d'être persécuté par la société.

Au XVIIe siècle, Descartes affirme un dualisme entre l'âme et le corps. Il radicalise sa position en refusant d'accorder la pensée à l'animal, le concevant comme une «machine», c'est-à-dire un corps entièrement dépourvu d'âme. Cette théorie sera critiquée dès son apparition mais plus encore à l'époque du siècle des Lumières. Le mouvement de renouveau intellectuel et culturel des Lumières reste, au sens strict, européen avant tout. A cette époque, Jacques Vaucanson est un génial inventeur dont la philosophie est de chercher à faciliter l'activité humaine. Après avoir suivi à Paris des études de mécanique, physique, anatomie et musique, il s'essaie d'abord à reproduire mécaniquement les principales fonctions du corps humain, mais sans succès. Il crée alors des automates qui suivent des systèmes d'horlogerie complexes permettant d'effectuer des mouvements mécaniques, tel le *Canard digérateur* qui donnait l'illusion de manger, digérer et éliminer la nourriture et l'eau qu'il ingérait (1738).

La fascination des robots est très différente suivant les sociétés, leur histoire et leur fiction. En Occident, les robots nous renvoient l'image d'un cyborg, mi-robot mi-humain, qui n'inspire pas confiance, alors qu'au Japon les robots sont des super-héros de mangas. La passion des Japonais pour les robots est telle qu'ils désignent souvent leur pays comme le royaume des robots, *robotto ôkoku*. Les historiens ont identifié les premiers signes de « robots » au Japon dans l'époque d'Edo (1603-1868).

Le robot en Occident nous a longtemps effrayés car il était supposé malintentionné. Au Japon, on considère que les objets, le vent, les arbres, les pierres, etc., sont animés de vie et sont protecteurs. L'animisme est la croyance en un esprit, une force vitale animant les êtres vivants, les objets et les éléments naturels, ainsi que la croyance des génies protecteurs. Le shinto est avant tout l'expression profonde de la culture ancienne japonaise et peut être comparé aux religions animistes d'Afrique noire. Le shinto considère comme divins aussi bien des forces de la nature que des animaux ou des hommes célèbres. La plus importante divinité est le Soleil qui, entre autres vertus, protège contre les invasions.

Après la Seconde Guerre mondiale apparaît au Japon un nouveau genre de mangas que sont les mechas, cyborgs et robots. Cet engouement pour les robots est entretenu dans la culture populaire justement à travers les mangas, bandes dessinées japonaises, et les dessins animés japonais. Avec l'apparition de l'informatique, plusieurs scientifiques japonais vont commencer à s'investir dans l'élaboration de machines capables d'interagir avec des humains.

Des animations telles qu'*Astro Boy*, ou encore *Goldorak*, des jeux vidéo comme *Metal Gear Solid*, *Super Robot Taisen*, pour ne citer qu'eux, embarquent les jeunes Japonais dans la fascination des robots. La fin du XXe siècle a vu arriver de nombreux robots au Japon, dont le fameux Asimo de Honda qui tient son nom d'un hommage à Isaac Asimov.

En Occident, nous ne ressentons pas le même intérêt pour les robots qui sont pour la plupart des robots industriels. Il y a eu peu de petits robots présents dans les jeux et séries pour les enfants en France, mais il faut absolument citer Nono, le petit robot d'*Ulysse 31*, série télévisée d'animation franco-japonaise diffusée en 1981 puis en 2004. Le gentil robot de cette série, cadeau d'Ulysse pour Télémaque, son fils, a été décliné en plusieurs modèles de jouets et a donné lieu à la fameuse chanson : « C'est moi Nono, le petit robot... », dont la ritournelle est encore fredonnée par certains d'entre nous.

Au Japon, la machine est considérée comme ayant une âme – c'est d'ailleurs le cas pour chaque objet. Le robot est vu de façon très positive : il ne suscite aucune peur ; il est un ami ; c'est un objet de loisir. Le Japon a d'ailleurs décidé de profiter des jeux Olympiques de 2020 à Tokyo pour proposer un village aux athlètes entièrement robotisé. Les Japonais raffolent aussi des tournois entre robots[1], ou encore des robots samouraïs. Le gouvernement japonais ne s'en cache pas, la

1. http://motherboard.vice.com/fr/read/les-tournois-de-lutte-entre-robots-sont-un-vrai-phenomene-au-japon

robotique est un investissement majeur du pays pour les loisirs, l'assistance aux personnes et pour les catastrophes : Fukushima est encore dans les esprits.

Avec l'avènement d'Internet, des robots, de la réalité virtuelle, des nouvelles technologies audiovisuelles, de nouveaux rapports d'interaction avec ces prolongements de nous-mêmes sont apparus. La systémique est une méthode de compréhension des objets complexes. Elle privilégie une approche globale et surtout la prise en compte des interactions entre composants. Apparue au milieu du XXe siècle, la systémique s'est construite en opposition à la tradition analytique cartésienne qui tend à découper le tout en parties indépendantes. Les nouvelles technologies semblent plus adaptées au mode de pensée systémique des Japonais et des Chinois, plus orientés vers l'image alors que les Occidentaux ont un mode de pensée plus analytique.

Le personnage robotique japonais Astro, le petit robot, est le plus populaire durant la période d'après guerre. Astro a bercé l'enfance de plusieurs générations de Japonais dans des mangas, puis a été adapté en dessins animés dans les années 1960. Il a une importance symbolique et a influencé toute une génération de scientifiques qui ont rêvé de créer un jour un robot comme le héros de leur enfance.

Le professeur japonais Hiroshi Ishiguro[1], né en 1963, a créé son clone robotique : son géminoïde – en deux mots, son jumeau robotique. C'est un robot parfaitement ressemblant, un miroir physique presque parfait, mais qui ne vieillit pas ! La performance de recherche est cette ressemblance physique. Les chercheurs japonais ont également ajouté un petit programme qui

1. Hiroshi Ishiguro, professeur roboticien japonais, est le directeur du Laboratoire de robotique intelligente de l'université d'Osaka.

anime le robot de microgestes, souffles et attitudes programmés en boucle qui lui donnent l'air vivant, un peu bizarrement, certes, si on reste longtemps en sa présence. Le géminoïde d'Ishiguro n'est pas pour l'instant un robot social autonome, il est généralement télé-opéré à distance, il ne se déplace pas, cela signifie donc que quelqu'un l'anime artificiellement et lui souffle quoi dire en temps réel. Il ne perçoit pas grand-chose de son environnement et il n'a pas beaucoup d'actions possibles. Ce robot version humain copie conforme est vu comme une performance d'imitation. Ishiguro a également créé d'autres géminoïdes, dont sa fille.

Les mythes du Golem, de Pygmalion, de Prométhée inspirent encore aujourd'hui la littérature et les films de science-fiction, comme *A.I. Intelligence artificielle*, de S. Spielberg (2001), où les robots sont créés à l'image des humains. Le robot a remplacé la statue. Avec le développement exponentiel du progrès scientifique, l'être artificiel devient une source de préoccupation majeure pour de nombreux créateurs, mais parfois également d'espoir.

Depuis la révolution des temps modernes, une relation complexe nous unit aux machines, nourrissant peurs et fascination entretenues par la littérature et le cinéma de science-fiction. L'imaginaire que nous développons autour des robots prend ses racines dans la fiction *Metropolis*, *2001, l'Odyssée de l'espace*, *Star Wars*, *WALL-E*, etc., et les mythes (le Golem, Pygmalion, Prométhée), et est stimulé par la médiatisation des premiers robots. Ce développement induit des ouvertures imaginaires encore plus étendues à travers différents aspects technologiques, philosophiques, religieux ou sociétaux.

Metropolis, réalisé en 1927 par le cinéaste autrichien Fritz Lang, est un film allemand de science-fiction produit pendant la république de Weimar. Le film est muet en noir et blanc. *Metropolis* est une mégapole de 2026, dans une société divisée en une ville haute, où vivent les familles intellectuelles dirigeantes, et une ville basse, où les travailleurs font fonctionner la mégapole. Lang crée un robot diabolique ayant les traits de l'héroïne du film, Maria, semant le trouble dans l'esprit, déjà bousculé, du héros.

Depuis *2001, l'Odyssée de l'espace*, le film de Stanley Kubrick sorti en 1968, et son ordinateur HAL qui avait des états d'âme, on se demande si une machine peut être morale, si elle peut faire le bien ou le mal, si elle peut être tenue responsable de ses actes.

Les robots peuvent être drôles et touchants, comme nos Laurel et Hardy de la robotique, duo amusant de la saga *Star Wars* des années 1980. J'ai nommé C-3PO, humanoïde bling-bling, incroyablement loquace, maîtrisant plus de six millions de formes de communication, et son acolyte R2-D2, un des personnages emblématiques de la saga, qui s'exprime dans un langage sonore électronique ressemblant à des sifflements et des bips électroniques.

WALL-E est un film d'animation en images de synthèse, réalisé par Andrew Stanton en 2008. Le film, qui se place dans le futur, suit l'histoire d'un robot nommé WALL-E, conçu pour nettoyer la Terre de ses déchets. Un des thèmes principaux du film est l'effet de la surconsommation. Les humains ont dû quitter la Terre pour habiter dans l'espace tandis que des robots nettoient la planète. WALL-E est doué d'émotions et va tomber amoureux d'un autre robot, nommée EVE, et son aventure va changer le destin de l'humanité.

Au cinéma, les robots ont souvent des rôles d'humanoïdes extrêmes : des tueurs psychopathes ou des maîtres d'hôtel loyaux. Pour l'instant, aucun robot autonome, c'est-à-dire qui décide des actions à faire par lui-même, n'a encore été acteur d'un film ! Les robots que nous voyons au cinéma sont des humains : Arnold Schwarzenegger est le Terminator de James Cameron, Scarlett Johansson est la voix de l'agent social HER dans le film de Spike Jonze, une ribambelle d'acteurs suédois jouent les robots (Hubots) de la série télévisée *Real Humans* de Lars Lundström, et Alicia Vikander est le robot Ava dans *Ex Machina* d'Alex Garland.

Dans la saga des cinq *Terminator* de 1984 à 2015, l'intelligence artificielle *Skynet* qui décide de construire une armée de robots dans les films de James Cameron doit absolument tout à la science-fiction et aux mythes. Ces films ont pour principal sujet le voyage dans le temps et la menace que pourraient faire naître les robots intelligents. Alors que la plupart des films de science-fiction se passent dans l'espace, sur Mars, avec des luttes guerrières, des conquêtes, un nouveau type de science-fiction s'intéresse aux relations humains-robots, c'est le cas de *HER, Real Humans* et *Ex Machina.*

Pouvons-nous tomber amoureux d'une voix ?

Voici le thème de *HER*, sorti en 2015. Le héros, plutôt solitaire, se laisse séduire par une annonce d'un compagnon numérique présenté par une publicité comme une véritable conscience. Il s'agit d'un programme informatique capable d'interagir vocalement avec un être humain. Pour installer son compagnon sur son ordinateur ou son téléphone, il suffit de répondre à trois questions : Etes-vous social ou asocial ? Souhaitez-vous une voix de femme ou d'homme (le genre de la voix est important dans tous les systèmes) ? Quelles sont vos relations avec votre mère ? HER est capable d'apprentissage et d'adaptation à des situations nouvelles. LILY lui ressemble. HER s'exprime en disant « je » et a une personnalité. Par contre, HER dit éprouver des émotions, bien qu'elle ne fasse qu'en simuler, c'est la même chose pour LILY ! Le programme se demande si ses sentiments sont vrais, mais HER n'a pas de corps, c'est un bot, elle ne peut avoir la sensation des émotions. Elle propose même d'utiliser un corps de substitution en engageant une jeune fille, mais cette expérience ne marche pas. Le film pose la question des limites éthiques de l'intelligence artificielle, des capacités des bots, de la liberté de décision de l'humain face au robot... Il faut songer à des règles morales concernant les robots, mais qui décidera de ces règles ? Le héros comprend à la fin du film qu'ils sont des milliers à interagir avec le même bot qui entretient des relations amoureuses avec beaucoup d'entre eux.

Pouvons-nous tomber amoureux d'un robot ?

Dans la série *Real Humans*[1], les robots Hubots sont des clones d'humains, un peu comme des géminoïdes autonomes ayant des capacités proches de celles des humains. Il est presque possible de les confondre avec des humains, mais ils sont censés ne pas avoir d'émotions, ni la capacité de décision dans le film. Cette série nous permet d'analyser des comportements variés dans la société face aux robots et nous montre aussi toute la complexité de la coévolution robot-humain : l'évolution des relations que l'on va entretenir avec les machines. Ils sont au contact des humains dans des familles avec différents rôles : assistant pour les personnes âgées, femme de ménage, garde d'enfants, et même objet sexuel. *Real Humans* met en scène des robots qui s'adaptent aux humains. Une nouvelle relation aux objets est née, ceux-ci s'adaptent à nos désirs. Cette capacité des robots à s'adapter aux

1. *Real Humans*, série télévisée suédoise, saison 1 (2012-2013), saison 2 (2013-2014).

humains, à partager une histoire avec eux fait basculer les comportements de ces derniers. L'un des personnages, qui n'aime pas les robots au début de la série, va tomber amoureux de l'un d'eux. Un autre, à cause d'une accusation injuste de vol, culpabilise et se met à traiter un robot comme une vraie personne, allant jusqu'à dire que le robot devra avoir son intimité, des moments à lui, et que c'est une question de dignité. Le film explique que développer une relation empathique avec un robot, tomber amoureux d'un robot sont possibles.

LILY n'est pas du tout comme ces robots, elle ne ressemble pas à une vraie personne, et le but est bien de la laisser dans un rôle où les frontières sont claires entre vivant et non-vivant.

Pouvons-nous créer un humanoïde qui ait une conscience? Ava a-t-elle manipulé les chercheurs?

Dans *Ex Machina*, sorti en 2015, l'intelligence artificielle dépasse les humains qui l'ont créée. A partir de là, les machines pourraient prendre le pouvoir, se réparant et s'engendrant elles-mêmes. Dans ce film, le héros va participer à une forme de test de Turing face à une intelligence artificielle nommée Ava, pour déterminer si cette machine a ou non une conscience. Ava se présente sous la forme d'une androïde, a l'aspect général d'une femme, mais certaines particularités montrent sa nature artificielle. En définitive, c'est Ava la robote qui fait passer le test de Turing à l'humain! La fin classique met en scène la rébellion d'Ava qui tue son créateur.

Pouvons-nous créer un parc d'attractions avec des androïdes humanoïdes pour donner libre cours à nos fantasmes sexuels et de violence?

Dans la nouvelle série américaine *Westworld* (2016), les visiteurs paient des fortunes pour revivre le frisson de la conquête de l'Ouest dans un parc d'attractions. Dolores, Teddy et bien d'autres sont des androïdes à apparence humaine créés pour donner l'illusion et offrir du dépaysement aux clients. Pour ces derniers, Westworld est l'occasion de laisser libre cours à leurs fantasmes. Mais la mémoire des robots est mal réinitialisée intentionnellement par quelques membres de l'équipe. Certains robots se souviennent d'un passé et commencent à changer de comportement. Les robots vont-ils se rebeller ? Eux qui sont tués, violés, malmenés et montrent des signes de souffrance dans tous les épisodes de cette série ?

En robotique et en intelligence artificielle, plus que dans tout autre domaine, la science-fiction a précédé la science. Il est facile d'y puiser des scénarios de vie, avec des robots très différents, en fonction des cultures : qu'ils soient comme Astro le petit robot japonais, super-héros défenseur de la Terre, de l'humanité et de l'harmonie entre hommes et robots, des années 1960, ou dans *Ghost in the Shell*, mangas japonais de la fin des années 1980 montrant les robots comme des super-policiers veillant au bien-être des hommes, ou dans *Terminator*, robot tueur dans un film américain d'anticipation des années 1980, qui traite de la menace que pourraient être les robots intelligents, ou encore dernièrement avec les Hubots, contraction de humain-robots, vivant dans le cercle familial dans la série télévisée suédoise *Real Humans*, diffusée en 2012 !

Hughes Bersini, dans *Le Tamagotchi de Mme Yen et autres histoires*[1], publié en 2012, évoque en neuf nouvelles les évolutions technologiques qui invitent à une

1. H. Bersini, *Le Tamagotchi de Mme Yen et autres histoires*, Le Pommier, 2012.

réflexion philosophique : du nucléaire au système informatique et robotique. Il existe d'autres sciences-fictions sur les robots sociaux, par exemple *Le Robot et le Bébé* en 2001, de John McCarthy, dont nous avons parlé dans la fiction d'introduction, et plus récemment le livre de John C. Havens, *Heartificial Intelligence: Embracing Our Humanity to Maximize Machines*, en 2016.

Dans la nouvelle *Le Robot et le Bébé*, John McCarthy illustre de façon assez cynique l'utilisation de robots domestiques et d'un code les concernant, instauré par les institutions. R781, un robot conçu en conformité avec le principe de non-figuration humaine, ressemblant à une araignée métallique géante, est placé pour aider une jeune mère dépendante du crack et de l'alcool. La mère délaisse son bébé qui ne se nourrit plus, le robot ne peut normalement pas s'en occuper, mais il doit déroger à cette loi pour sauver l'enfant. Grâce à un raisonnement algorithmique où sauver la vie du bébé présente une valeur supérieure de 0,002 à celle de respecter l'interdiction d'imiter la forme humaine, R781 change son apparence en se drapant de tissus, prend un autre visage, modifie sa voix, fait du mamanais[1], apprend à faire un biberon et peut ainsi nourrir le bébé. Dans ce code des robots domestiques de la nouvelle, les restrictions portant sur ce que les robots pouvaient dire ou faire, notamment avec des enfants, étaient drastiques ! L'incident avec R781 relança le mouvement pour les robots d'assistance maternelle. La conséquence fut que de nombreux enfants devinrent plus attachés à leur robot nounou qu'à leurs vrais

1. Quand les adultes s'adressent aux bébés ou à de jeunes enfants, ils parlent souvent dans un style connu sous le nom de mamanais. Ce style se caractérise par une hauteur élevée et une exagération des intonations ainsi que l'utilisation de certains mots familiers : dodo, popo, etc.

parents. Dans cette nouvelle, les concepteurs de robots y remédièrent en rendant les robots plus durs que les parents. Les robots furent programmés de telle sorte qu'il fallait que les parents gagnent la compétition pour obtenir l'affection de leurs enfants !

Dans son livre *Heartificial Intelligence...*, en français *Intelligence au « Cœur Artificiel » : Incluons notre humanité pour optimiser les machines*, John C. Havens propose une dystopie, c'est-à-dire une utopie qui vire au cauchemar. Le récit de fiction dépeint une société imaginaire où nous utilisons la technologie pour améliorer nos capacités naturelles et où nous développons une espèce super-intelligente d'une grande longévité. Cette société est organisée de façon à empêcher ses membres d'atteindre le bonheur. Le livre raconte plusieurs récits : dans l'un d'eux, des implants cérébraux vont sauver la vie d'une jeune fille qui survivra tant que la machine fonctionnera. Un autre récit met en scène une jeune fille présentant son amoureux à ses parents, celui-ci étant un robot androïde parfaitement semblable à un humain. Ces scènes sont imaginables dans le futur prôné par le courant transhumaniste[1] dont les éclats médiatiques font plus penser à de la futurologie qu'à des prédictions scientifiques.

Quittant la science-fiction, les machines morales sont maintenant un sujet de recherche à part entière. La robotique est portée par les progrès récents de l'intelligence artificielle qui permettra de construire ces machines morales.

---

1. Mouvement international prônant l'usage des sciences et techniques afin d'améliorer les caractéristiques physiques et mentales des êtres humains.

3

L'intelligence des machines : halte aux fantasmes !

> « La différence entre l'être humain et le robot n'est peut-être pas aussi significative que celle qui oppose l'intelligence et la bêtise. »
>
> Isaac Asimov, *Le Cycle des robots*, t. 3 : *Les Cavernes d'acier*.

« Qu'est-ce que cela veut dire, être intelligent ? » A cette question, le généticien Albert Jacquard répondait en 1997 : « Mesurer l'intelligence ? Prétendre ramener cette réalité multiforme à un malheureux chiffre ? C'est idiot[1]. »

John McCarthy, l'un des pionniers de l'intelligence artificielle, publiait en 2007 un article sur « Qu'est-ce que l'intelligence ? », où il expliquait que nous comprenons certains des mécanismes d'intelligence, mais pas tous. Il existe plusieurs intelligences. « Pour une tâche qui exige uniquement des mécanismes qui sont

1. http://bibliobs.nouvelobs.com/essais/20130912.OBS6824/albert-jacquard-qu-est-ce-que-cela-veut-dire-l-intelligence.html

aujourd'hui bien compris, comme les jeux d'échecs ou de go, les programmes informatiques sont à même de donner des performances très impressionnantes. De tels programmes peuvent être considérés comme intelligents ! »

Pour les scientifiques, l'intelligence humaine regroupe l'ensemble des fonctions mentales mobilisées pour l'étude, la compréhension et l'organisation du réel en concepts, la capacité à utiliser le raisonnement causal, l'imagination, la prospection et la flexibilité, mais c'est aussi l'habileté à percevoir et à exprimer les émotions, à les intégrer pour faciliter la pensée, à comprendre et à raisonner avec elles, ainsi qu'à les réguler chez soi et chez les autres. En tout état de cause, ce sont les facultés d'apprentissage et d'adaptation qui sont très souvent citées comme manifestation d'intelligence.

Ce qui distingue un objet naturel (un rocher, un fleuve) d'un objet artificiel (un couteau, un robot) est le fait que l'objet artificiel a été façonné par l'homme en vue d'une utilisation, envisagée à l'avance. Un artefact est le produit d'un projet. L'organisme humain est une machine qui se construit elle-même, tandis que les machines artificielles sont construites par des humains. C'est une différence fondamentale avec une machine artificielle.

L'objectif des sciences cognitives et de l'intelligence artificielle est à la fois de comprendre les mécanismes du raisonnement humain et du fonctionnement du cerveau à l'aide de simulation des processus cognitifs sur ordinateur, mais également de créer des machines artificiellement intelligentes pour nous assister avec lesquelles nous pouvons communiquer. Plusieurs communautés de chercheurs travaillent sur différentes facettes de l'intelligence : construire des algorithmes pour traduire la parole, pour détecter les émotions, pour résoudre des théorèmes, etc.

Dans les années 1960, Marvin Minsky et John McCarthy, fondateurs du groupe d'intelligence artificielle du Massachusetts Institute of Technology (MIT) aux Etats-Unis, ont ouvert de nouvelles pistes par rapport à l'informatique traditionnelle et ont tout mis en œuvre pendant vingt ans, avec de nombreuses équipes de chercheurs, pour construire une machine capable de «penser comme un humain», une machine qui pourrait comparer, interpréter, déduire, décider comme nous, ou encore simuler les comportements intelligents les plus variés : langage naturel, vision, composition musicale, mais aussi apprentissage de nouveaux concepts, apprentissage par réseau de neurones.

Marvin Minsky, mathématicien de formation, «voyait le cerveau comme une machine dont le fonctionnement pouvait être étudié et répliqué[1]». Il crée sa théorie de la «société de l'esprit» en 1986, selon laquelle l'esprit serait composé d'un ensemble d'agents autonomes spécialisés, organisés en hiérarchie, dépourvus d'intelligence, qui sont interconnectés – tantôt ils coopèrent, tantôt ils s'affrontent. La pensée, les sentiments sont le résultat de ces interconnections. Notre sensation d'avoir un esprit unifié ne serait donc qu'une illusion? Pour certains chercheurs, son approche est une mine d'idées, pour d'autres, cette théorie est trop éloignée de la réalité. Il propose une modélisation abstraite de l'esprit humain : l'esprit est ce que le cerveau produit, c'est-à-dire le résultat de l'activité électrique de notre système nerveux.

1. http://www.lefigaro.fr/secteur/high-tech/2016/01/26/32001-20160126ARTFIG00136-marvin-minsky-l-un-des-peres-de-l-intelligence-artificielle-est-mort.php

Quand on nomme les fondateurs de l'intelligence artificielle, on retrouve toujours Marvin Minsky, John McCarthy et Alan Turing. Dans les années 1950, Alan Turing propose un test pour déterminer si une machine montre de l'intelligence. Le dispositif est ingénieux car Turing évite l'écueil d'avoir à définir dans l'absolu ce qu'est l'intelligence. Il propose « le jeu de l'imitation » : « Un interrogateur humain dialoguant avec deux entités sans les voir devait déterminer laquelle est l'humain et laquelle est la machine. S'il se trompait plus souvent que s'il avait distingué, dans les mêmes circonstances, entre une femme et un homme, alors la machine franchissait le test[1]. » Ce test n'a jamais été passé avec succès par un système, tout d'abord parce que les conditions de succès ne sont pas assez clairement décrites : durée de l'imitation, personne simulée par la machine. En 2014, par exemple, le test a été prétendument passé avec une machine simulant une intelligence d'un enfant de treize ans, parlant mal anglais ! Ce résultat n'a pas été pris au sérieux.

Dans les années 1985-1990, l'apprentissage machine avec des réseaux de neurones est un domaine en plein essor de l'intelligence artificielle. Classiquement, l'intelligence artificielle manipule plutôt des connaissances symboliques. L'apprentissage machine connexionniste, par opposition à symbolique, regroupe des algorithmes de type réseaux de neurones qui apprennent à partir de données et essaient de prédire des classes (mots, objets, images, personnes, etc.).

1. P. Marquis, O. Papini, H. Prade, *« Machines pensantes » d'hier, aujourd'hui et demain*, site du CNRS/INS2I, 2012.

La qualité de l'apprentissage dépend de la qualité des données. Les réseaux de neurones sont une approche nouvelle d'apprentissage, les chercheurs étudient l'analogie entre le cerveau humain et les machines informatiques universelles. La physiologie du cerveau montre que celui-ci est constitué de cellules (les neurones) interconnectées. La plasticité cérébrale montre que le cerveau est en perpétuelle reconfiguration, et que c'est grâce à cette plasticité que l'on peut apprendre.

En s'appuyant sur les propriétés des neurones biologiques connues à cette époque, issues d'observations neurophysiologiques et anatomiques, les mathématiciens McCulloch et Pitts, en 1943, ont proposé un modèle simple de neurone formel, un automate représentant le noyau de la cellule, l'axone et ses dendrites, qui à partir d'un certain seuil d'activation envoie de l'information aux neurones connectés. L'apprentissage dans un réseau de neurones modifie les paramètres entre les neurones : une sorte de plasticité comme dans le cerveau. Les réseaux de neurones de type perceptron multi-couches bénéficient de nombreux travaux théoriques sur l'apprentissage. Un réseau de neurones artificiels de ce type est un ensemble de neurones formels interconnectés et répartis en plusieurs couches. L'algorithme de «rétro-propagation du gradient» permettant d'entraîner ces réseaux de neurones date de 1986. L'apprentissage avec les réseaux de neurones artificiels se fait par essais et erreurs à partir de bases de données annotées avec des étiquettes représentant les classes que l'on cherche à apprendre. A l'époque, l'apprentissage était très lent, il fallait quelquefois un mois de calculs pour l'obtention d'un modèle. Les calculs maintenant sont parallélisés et très rapides sur un ordinateur portable.

Pour l'apprentissage, il est nécessaire de présenter au réseau un grand nombre de données, par exemple des sons avec leurs étiquettes phonétiques (ex : A, P...). Pour chaque son, l'algorithme propage l'activité dans le réseau, de couche en couche, calcule l'erreur de prédiction par rapport à l'étiquette connue et rétro-propage l'erreur à travers le réseau en modifiant un peu chacun des paramètres entre les neurones du réseau afin que, la fois suivante, il prédise mieux le son testé. Après un grand nombre d'essais et erreurs, le réseau se stabilise sur une configuration de paramètres entre les neurones. C'est ce qu'on appelle l'apprentissage, la machine prédit de mieux en mieux les étiquettes phonétiques en utilisant beaucoup de voix qui ont des intonations différentes.

Le modèle est donc distribué et composé de nombreuses valeurs correspondant aux paramètres entre les neurones. Ces ensembles de paramètres sont les «connaissances artificielles» apprises, elles ne sont malheureusement pas explicites. On parle de modèle de type boîte noire ! Ensuite, dans la phase de reconnaissance, le programme utilise alors les modèles obtenus par apprentissage pour prédire qu'un nouveau signal produit correspond vraisemblablement à telle ou telle suite d'étiquettes phonétiques qui forment des mots. En quelque sorte, le programme essaie de trouver des ressemblances avec des signaux existants dans le corpus de données de départ et utilise les connaissances qu'il a apprises sur la correspondance signal-son. La reconnaissance de la parole utilise la modélisation signal-son, le lexique qui décrit les mots en forme phonétique et la succession possible des mots pour prédire les résultats.

L'intelligence des machines est une sorte de quête du Graal ! C'est aussi comprendre notre intelligence d'être humain afin de savoir la modéliser. Pour les chercheurs, le rêve d'une intelligence artificielle rivalisant avec celle des humains, voire la surpassant, est généralement plutôt un fantasme qui n'a rien à voir avec la réalité.

On distingue souvent l'intelligence artificielle :

- «faible ou spécifique», qui vise à imiter certaines fonctions de l'intelligence pour répondre à des missions spécifiques. Il s'agit des programmes les plus utilisés. La machine ne fait que donner une impression d'intelligence,
- «forte ou générale», qui vise, quant à elle, à faire naître une sorte de conscience de soi. Elle cherche à se rapprocher du raisonnement humain en développant la notion d'apprentissage en continu.

L'intelligence, qu'elle soit humaine, animale ou artificielle, est un concept multiforme difficile à définir et à mesurer. L'intelligence artificielle est un concept assez large, et le terme évolue avec les avancées de la technologie et de la recherche. En ce qui concerne les animaux, nous leur faisons passer des tests d'apprentissage, de mémoire, nous les observons en groupe, mais nous savons bien peu de chose de leur conscience et de leur intelligence. Quant aux humains, nous passons des tests de QI, voire de QE (test d'intelligence émotionnelle) pour mesurer notre quotient intellectuel. Mais les récents acquis de la neuroscience montrent qu'on ne peut réduire le fonctionnement de l'esprit humain à de froids calculs dignes d'une machine. Ces résultats vont à l'encontre du dualisme du corps et de l'âme de Descartes.

C'est au sein de la cybernétique que naît le culte de l'information comme représentation du réel, véritable paradigme qui s'impose aujourd'hui. La cybernétique est une science du contrôle des systèmes, vivants ou non vivants, fondée en 1948 par le mathématicien américain Norbert Wiener. Notre monde est intégralement constitué de ces systèmes imbriqués et en interaction. Peuvent ainsi être considérés comme tels : une société, une économie, un réseau d'ordinateurs, une machine, une entreprise, une cellule, un organisme, un cerveau, un individu, un écosystème... L'approche cybernétique d'un « système » consiste en une analyse globale des éléments en présence, et surtout de leurs interactions. L'action d'un élément sur un autre entraîne en retour une réponse du second élément vers le premier. On dit alors que ces deux éléments sont reliés par une boucle de feedback (ou boucle de rétroaction).

Depuis sa naissance dans les années 1950, l'intelligence artificielle est sollicitée pour des tâches de plus en plus difficiles dans des systèmes complexes : conduite automatique de voitures ou d'avions, animation de robots humanoïdes, recommandations d'achats en ligne, etc.

Vous utilisez sans le savoir des systèmes d'intelligence artificielle plusieurs fois par jour : en pianotant sur votre réseau social, en cherchant une information par un moteur de recherches, en traduisant un texte, ou encore en réservant un billet d'avion.

L'intelligence artificielle a vécu plusieurs hivers : le premier hiver a lieu de 1974 à 1980, puis il y a eu le boom des systèmes experts, systèmes fonctionnant à base de règles, et l'espérance de la modélisation par réseaux de neurones ; puis un deuxième hiver est arrivé entre 1987 et 1993. De 1980 à 1990, de nombreux chercheurs en sciences cognitives rejetaient également le modèle de traitement symbolique de l'esprit en expliquant que le corps est essentiel dans le raisonnement.

Il faut souligner les limites des aptitudes sensori-motrices des systèmes dans les années 1970, comme la reconnaissance d'un objet, d'un visage, ou d'une voix. Le paradoxe de Moravec[1] est que le raisonnement de haut niveau (jeux, mathématique, planification, etc.) est beaucoup plus facile à reproduire et simuler par un programme informatique que les aptitudes sensori-motrices humaines. Cela peut sembler contre-intuitif du fait qu'un humain ne ressent pas de difficulté particulière à effectuer des tâches relevant de cette dernière catégorie, contrairement à la première. Selon Marvin Minsky, « ce paradoxe peut être expliqué par le fait que lorsque le cerveau humain maîtrise parfaitement une tâche, celle-ci ne s'exécute pas consciemment, contrairement aux tâches mal maîtrisées. Ces tâches inconscientes ne sont donc pas cataloguées comme difficiles ». Selon Moravec, la théorie de l'évolution permet également d'expliquer ce paradoxe. Les tâches sensori-motrices, en tant que fonctionnalités biologiques anciennes, ont été perfectionnées par les mécanismes évolutionnaires durant des millions d'années. Ce paradoxe peut en partie expliquer la pause donnée aux recherches en intelligence artificielle dans les années 1980, alors que l'optimisme des découvertes initiales retombait face aux nouvelles difficultés rencontrées à réaliser des tâches qui semblaient de prime abord plus faciles.

Après plusieurs hivers, l'intelligence artificielle est à nouveau en pole position ! Attention à ne pas rejouer un cycle de désillusion si l'on attend trop de la technologie. Il faut donc expliquer vraiment où nous en sommes.

1. H. Moravec, *Robot : Mere Machine to Transcendent Mind*, Oxford University Press, 1998.

Certes les technologies arrivent à maturité pour des coûts extrêmement bas : la miniaturisation, les architectures sur le *cloud*, les protocoles de télécommunications, la puissance de calcul et un nombre grandissant de capteurs. Il est également possible d'utiliser des applications informatiques et des algorithmes de plus en plus puissants. Beaucoup sont disponibles en accès libre ou sont très peu chers.

Mais le monde réel est complexe et assez peu déterministe. Ce que perçoit un robot de son environnement est loin de ce que perçoit un robot dans le monde d'Asimov, et bien loin de ce que perçoit un humain. L'information qui décrit un état du monde est très incomplète, et tous les capteurs des robots introduisent des incertitudes. Ces incertitudes se multiplient en fonction du nombre de technologies utilisées. De plus, le robot n'a pas de sens commun pour extraire les informations utiles du contexte réel dans lequel il se trouve. Il faut être conscient que le caractère incertain des informations manipulées par le robot limite la portée de ses prédictions.

La loyauté des algorithmes embarqués sur les robots implique qu'ils se comportent comme ils le déclarent. Si, par exemple, ils déclarent être équitables, neutres et non discriminants, ils doivent définir quels critères d'équité, de neutralité, de non-discrimination ils satisfont, et procurer les moyens de vérifier que c'est le cas.

Les machines artificielles seront de plus en plus autonomes grâce à des programmes sophistiqués doués d'intelligence artificielle et d'apprentissage, mais elles ne seront pas pour autant capables de sentiments, de créativité et d'imagination tels qu'on les entend pour les humains. Les machines ne sont pas en mesure à l'heure actuelle de concurrencer les hommes. La créativité avec la conscience et les émotions sont des attributs souvent avancés pour distinguer l'humain de la machine.

Le grand mystère est de savoir comment une intelligence peut devenir réflexive, revenir sur elle-même et devenir consciente. C'est une chose que permet le cerveau humain grâce au langage, explique Edgar Morin[1]. Il rappelle aussi qu'« une société de primates est devenue société humaine à travers des transformations génétiques, avec l'augmentation du volume du cerveau, la création du langage à double articulation (phonème et mot), le développement de l'outil, la domestication du feu et à travers la raison et le mythe ». Nous ne savons pas à quel moment apparaît notre langage qui utilise des phonèmes dépourvus de sens mais qui, assemblés, constituent des unités de sens et remplacent un langage fait de cris et d'onomatopées. Notre langage permet la culture, la transmission, l'acquisition des savoirs, des idées, des sentiments. La machine apprend à parler, à simuler des émotions, mais pour autant elle n'a pas de motivation propre ni de conscience, telles qu'on les entend pour les humains.

Même s'il existe des logiciels intelligents dans de multiples domaines, ils ne sont pas tous encore très performants, mais l'émergence de nouvelles applications risque d'être fulgurante, et pour l'instant rien n'est contrôlé.

Certains sont prétendus « artistes » mais il n'y a, derrière la production du tableau numérique, qu'une imitation, une manipulation de pixels « à la manière de » Picasso, Pissarro ou encore Van Gogh. Bref, il n'y pas d'intention créatrice, pas de message émotionnel. « Une équipe internationale d'informaticiens, d'ingénieurs et d'historiens d'art est parvenue à créer un

1. E. Morin, *Penser global*, Robert Laffont, 2015.

tableau en reproduisant le style du célèbre peintre flamand Rembrandt. Entièrement conçue par ordinateur, puis imprimée en 3D, la toile intitulée “The Next Rembrandt” imite à la perfection les œuvres originales du grand maître, disparu pourtant il y a plus de 300 ans[1]. »

Inspiré du test de Turing, en 2015 le journal *Le Monde* met en ligne un quiz où il s’agit de déterminer entre deux œuvres picturales celle qui a été créée par un humain. C’est un algorithme de *deep learning*[2] (« apprentissage profond ») qui a créé les imitations, une méthode d’apprentissage des machines ; le programme se nourrit d’œuvres d’artistes bien réels pour apprendre leur style et pouvoir créer de nouveaux tableaux qui les imitent. Ce test n’apporte pas beaucoup d’informations si ce n’est que, sur 10 planches de 2 tableaux (l’un fait par un humain, l’autre par une machine), le résultat moyen des 10 000 internautes qui ont participé à ce quiz est de 6,35/10 de bonne détection de tableaux faits par une machine, cette valeur est au-dessus du hasard !

On pourrait aussi parler de « *Daddy’s Car* », la première chanson pop composée par une intelligence artificielle, le système Flow Machines[3] de Sony. Cette intelligence artificielle capable de composer des chansons « à la manière de » a dévoilé un morceau façon Beatles.

La synthèse de la parole peut également apprendre le timbre et la qualité de la voix d’une personne, on peut ainsi synthétiser des voix de personnes qui ne

1. http://www.rfi.fr/emission/20160410-the-next-rembrandt-impression-3d-vraies-fausses-toiles-maitres
2. http://www.college-de-france.fr/site/yann-lecun/inaugural-lecture-2016-02-04-18h00.htm
3. http://www.konbini.com/fr/tendances-2/daddys-car-ia-sony-pop

sont plus en vie et faire de nouveaux discours avec la voix du général de Gaulle, par exemple.

La première intelligence artificielle journaliste est capable de faire des synthèses : l'un des premiers à sauter le pas fut le quotidien américain *Los Angeles Times* qui a accueilli au sein de ses équipes Quakebot. Ce robot-journaliste a rédigé son premier article en 2014 lors d'un tremblement de terre survenu le 17 mars en Californie[1]. En France, le site d'information du quotidien *Le Monde* a eu recours à Data2Content pour écrire quelque 36000 articles à l'occasion des élections cantonales de mars 2015. Ces robots-journalistes ou robots-rédacteurs sont en réalité des algorithmes programmés pour transformer des données en textes. Pour certains, l'exercice consiste à remplir les trous de documents préécrits grâce aux différentes informations reçues par les sites ou provenant de données publiques.

Le cabinet d'avocats BakerHostetler, fondé en 1916, vient d'engager Ross, son premier robot avocat. Plus précisément, un «avocat digital», une intelligence artificielle qui va notamment travailler sur les faillites d'entreprises, rapporte Quartz[2] le jeudi 12 mai 2016. «Ross ne va pas plaider à la barre, mais va plutôt faciliter la vie des autres avocats. Comme le rappelle le site américain, une grosse partie du travail des cabinets d'avocats consiste, pour les plus jeunes employés, à éplucher des centaines de dossiers et d'articles sur des cas similaires à celui qui sera plaidé et à donner à l'avocat en charge du dossier toute information utile.»

En vue de faciliter la vie des patients et des médecins en favorisant la rapidité du diagnostic, l'entreprise

1. http://future.arte.tv/fr/le-journalisme-vers-une-intelligence-artificielle?language=fr

2. http://qz.com/683005/a-law-firm-has-hired-an-ai-lawyer-to-cut-through-the-drudgery-of-corporate-law

internet chinoise Baidu[1] a annoncé le lancement de Melody, un chatbot assistant médical fonctionnant grâce à l'intelligence artificielle[2].

Le BHV Marais a trouvé la solution pour découvrir la perle rare et éviter les erreurs de casting : le recrutement prédictif. « Il s'agit d'une technique qui permet, grâce à des algorithmes, d'anticiper de manière fiable les probabilités de réussite d'un salarié. Par réussite on entend sa performance et le fait d'être heureux et engagé dans son travail », explique David Bernard, directeur d'AssessFirst, une entreprise spécialisée dans la conception de plateformes de recrutement prédictif[3]. Ces différentes applications à la fois créatives et mercantiles vont pulluler, et on peut se demander si elles seront suffisamment traçables, loyales et éthiques. Il est urgent de réglementer les applications autour des machines intelligentes et de l'apprentissage machine.

Même avec les progrès en cours, la machine ne pourra pas se sentir « heureuse » car elle est dénuée de conscience phénoménale et de désir, aptitudes qui se situent certes à différents niveaux. Lorsque LILY semble triste parce que je suis triste, elle applique une stratégie d'empathie pour essayer de me remonter le moral.

La conscience phénoménale définit la conscience en tant qu'ensemble d'expériences caractérisant le « vécu »

1. Baidu est une entreprise internet chinoise. Son moteur de recherche en chinois peut chercher du texte et des images. En juin 2013, c'est le site le plus consulté de Chine et le 5e site le plus consulté sur Internet.

2. http://www.leparisien.fr/laparisienne/sante/en-chine-baidu-lance-un-chatbot-jouant-le-role-d-assistant-medical-12-10-2016-6201828.php

3. http://www.journaldunet.com/management/ressources-humaines/1177209-recrutement-predictif

ou le «ressenti» d'un sujet. Contrairement à la conscience définie comme «cognition», la conscience phénoménale est associée à une expérience qualitative, telle que le sentiment de bonheur ou d'anxiété, la sensation de chaud ou de froid. On parle alors de *qualia*. La machine n'a pas de *qualia* à proprement parler.

Le sujet du désir prend une part importante dans la réflexion philosophique sur la place des machines. Le désir occupe une place primordiale dans l'anthropologie de Spinoza[1], qui en fait «l'essence même de l'homme en tant qu'elle est conçue comme déterminée à faire quelque chose». La psychanalyse freudienne, mais également bien des anthropologies actuelles accordent une place centrale au désir qui est l'un des paramètres fondamentaux de l'existence humaine. Le terme immanentisme désigne la relation entre deux attributs, par exemple le corps et l'esprit, et plus généralement le matériel et le spirituel. Descartes affirme en effet que la matière et l'esprit sont deux substances différentes. Il affirme cependant, dans le *Traité des passions*, que l'esprit a un pouvoir sur le corps. Descartes ne parvient pas à expliquer clairement les rapports de ces deux substances. L'immanentisme de Spinoza s'oppose au dualisme de Descartes[2]. Spinoza affirme dans la Partie II de l'*Ethique* que «l'esprit est l'idée du corps». Spinoza ne pose pas deux substances, mais une seule. Cette substance possède une infinité d'attributs. On retrouve, dans les positions du neurologue António Damásio, notamment dans sa définition du sentiment comme «cartographie psychique d'un état du corps», une position immanentiste.

1. B. Spinoza, *Ethique*, Livre III, 1677.
2. R. Descartes, *Méditations métaphysiques*, 1641.

Norbert Wiener distingue « l'homme de l'animal et le rapproche de la machine. L'animal est certes capable d'apprentissage mais il est très vite limité par la pauvreté de son langage. Par contre, l'homme comme la machine, chacun conservant ses spécificités propres, se rejoignent sur des potentiels d'apprentissage très ouverts. L'homme met en valeur un potentiel différent de celui de la machine car sa sensibilité intervient dans cette action, ainsi que sa curiosité et surtout la morale dont la machine est totalement dénuée ». « Pour l'instant, mais c'est un des buts des travaux en intelligence articielle dans un futur proche. C'est pour cela qu'un être humain est irréductiblement singulier. Aucun n'intègre exactement la même information quand il apprend, ni interagit de la même manière avec son milieu[1]. »

Les capacités d'adaptation de l'humain sont fortes comparées à la machine : « L'homme peut se révolter contre lui-même par la conscience de soi et la pensée, par sa capacité d'agir à partir du flou initial. L'homme a cette aptitude à assumer l'illogique, l'indéfini, en un mot à œuvrer avec l'irrationnel et à le transformer[2]. »

L'intelligence des robots n'a rien à voir avec celle des humains. LILY peut reconnaître une pomme mais ne saura jamais le goût qu'elle a. Le programme d'intelligence artificielle AlphaGo qui a battu Lee Sedol au jeu de go ne sait pas ce que c'est que gagner et n'en éprouve aucun plaisir. Il ne peut pas « comprendre », d'ailleurs, le concept de bonheur pour un humain. Ces concepts sont également difficiles à formaliser pour les humains, donc nécessairement difficiles, voire

1. https://www.reseau-canope.fr/savoirscdi/?id=430
2. G. Lacroix, « Cybernétique et société : Norbert Wiener ou les déboires d'une pensée subversive », revue *Terminal*, n° 61, 1993.

impossibles à coder sur une machine. Les imitations des émotions ou d'une forme de conscience sont très simplifiées.

L'intelligence artificielle est partout depuis que le joueur de go coréen Lee Sedol a été battu en mars 2016 par une machine : dans nos journaux, films ou livres, et même à travers un grand nombre de nouvelles applications : robot-journaliste, robot-avocat, robot-artiste, robot-médecin, etc. Les performances de ces différentes applications doivent impérativement être contrôlées.

Les modèles les plus performants à l'heure actuelle sont obtenus à partir d'algorithmes d'apprentissage machine, appelé apprentissage profond ou *deep learning*[1]. Le *deep learning*[2] dont on parle énormément dans la communauté de l'apprentissage a les mêmes principes fondateurs que ceux des réseaux de neurones des années 1980, avec beaucoup plus de couches cachées.

Pourra-t-on dépasser ces capacités d'imitation? C'est une question à laquelle personne ne peut répondre aujourd'hui. Les machines (automates, robots) nous ont toujours inspiré des métaphores qui ont servi à décrire le fonctionnement du corps humain, mais aussi celui de la conscience ou encore de l'intelligence. L'intelligence des machines est liée aux algorithmes utilisés.

Les robots sont des entités complexes qui utilisent des modules interconnectés pour la perception et l'interprétation : la reconnaissance de la parole, faciale, des émotions, l'interprétation sémantique et des

---

1. http://www.college-de-france.fr/site/yann-lecun/course-2016-02-26-11h00.htm
2. *Idem.*

intentions; pour le raisonnement et la prise de décision : la gestion de l'interaction, les mémoires (profil de l'utilisateur, historique du dialogue); et enfin pour générer des actions : la génération et la synthèse de la parole, et les actions dans le monde physique pour les robots...

Une réalité est en pleine émergence : des robots autonomes dotés d'intelligence artificielle et pour certains de la possibilité de communiquer par la parole seront bientôt dans notre quotidien. La concurrence s'intensifie sur les chatbots (assistants parlants) qui seront embarqués sur les robots entre Google DeepMind, Facebook, Microsoft (avec des agents comme Tay), Amazon et IBM (qui a développé Watson).

Ces nombreux modules sont entraînés et optimisés en dehors du système à l'aide de grands corpus de données. Les algorithmes d'apprentissage machine comme l'apprentissage profond permettent de percevoir l'environnement, l'analyser, et prendre une décision en conséquence, mais surtout apprendre. L'apprentissage machine regroupe des algorithmes qui apprennent à partir d'exemples, de données. Ceux-ci procèdent de différentes façons, mais leur but est de construire un modèle à partir de jeux de données qui leur servent d'exemples. La qualité du modèle obtenu dépend de la qualité des données. Cette notion est essentielle à comprendre. Le choix des données est fondamental pour l'apprentissage des modèles. Des connaissances statistiques sont extraites des données pendant l'apprentissage; si le corpus d'apprentissage est trop pauvre, discriminant, non neutre, le modèle obtenu ne sera pas bon.

La sémantique est une branche de la linguistique qui étudie le sens (ou signifié), ce dont on parle, ce que l'on énonce. Sa branche symétrique, la syntaxe, concerne pour sa part la forme de l'énoncé : le signifiant, sa forme, sa langue, sa graphie, sa grammaire, etc. Les connaissances statistiques construites par ces algorithmes, c'est-à-dire l'ensemble des paramètres entre les couches de neurones, n'ont rien à voir avec des connaissances sémantiques qui représentent du sens telles qu'un humain les décriraient. Les connaissances codées dans les paramètres ne sont pas explicites, elles ne sont pas visualisables, ce ne sont souvent que des chiffres. Pourtant dans l'analyse d'images, il est possible de retrouver quelques formes qui peuvent avoir un sens et être interprétées dans les couches cachées. C'est un des défauts de l'approche par réseaux de neurones d'être peu explicite. Les progrès considérables du *deep learning* sont dus en grande partie à la parallélisation des calculs, à l'utilisation d'énormes bases de données et au fait que le système puisse apprendre en jouant contre lui-même.

Il existe de nombreux programmes qui utilisent le *deep learning* pour la reconnaissance d'image, la traduction automatique, la reconnaissance de la parole. Ces réseaux profonds peuvent être de plusieurs dizaines de couches, de dizaines de milliers de neurones et de milliards de connexions. Une partie importante du travail de conception d'un système à base d'apprentissage machine est d'ajuster les paramètres de l'algorithme afin que le système intègre au mieux des exemples fournis, mais sans apprendre par cœur la forme (une image, un son...). Par exemple, si je fournis à un système qui détecte les chats et les lions plusieurs photos d'un lion avec sa proie, le système ne doit pas apprendre que la proie fait partie du lion.

L'apprentissage machine, important domaine de recherche en intelligence artificielle, est étudié depuis des années, mais il a récemment fait une irruption spectaculaire dans les médias en janvier 2016 grâce à la victoire d'AlphaGo, programme de la société Google DeepMind, au jeu de go.

On a longtemps cru que l'incarnation même de l'intelligence était le jeu d'échecs. On mettait d'ailleurs « Echecs » dans ses hobbies en bas d'un curriculum vitae, dans les années 1990. Pourtant, en 1997, lorsque l'ordinateur Deep Blue devint le premier ordinateur à battre un champion du monde, Garry Kasparov, on en a conclu qu'il était doté d'une capacité de calcul peu ordinaire mais que ce n'était pas de l'intelligence.

L'intelligence artificielle de Google DeepMind a battu Lee Sedol, champion de go, 4-1 début 2016 ! D'origine chinoise, le jeu de go est probablement le plus vieux sport cérébral au monde. « Le jeu de go est d'une élégance rare : les mouvements sont très simples, mais le jeu est d'une incroyable complexité. Il y a 10 puissance 170 positions possibles, soit davantage que le nombre d'atomes dans l'univers », explique Demis Hassabis, P-DG de DeepMind. Longtemps considéré comme l'un des quatre grands arts majeurs au Japon, le go est l'expression « idéale » de la culture nipponne. Depuis la fin de la Seconde Guerre mondiale, son développement est considérable, et l'association japonaise de go se targue de compter près de dix millions d'affiliés, issus essentiellement des classes moyennes et dirigeantes, dont plus de quatre cents joueurs professionnels. La carrière de ceux-ci est comparable à celle des musiciens virtuoses. Le jeu a fait son apparition en France, en Suisse et en Belgique vers les années 1970.

L'ordinateur AlphaGo a joué un nombre incalculable de parties par rapport à un joueur humain : il a rejoué les parties de go des grands maîtres, joué contre des champions de go et joué contre lui-même. La bataille entre l'humain et la machine n'était pas à égalité. C'est un peu comme si un champion de course à pied challengeait à la course une voiture. Fan Hui, un des joueurs de go qui a entraîné AlphaGo chez DeepMind, que j'ai rencontré à Neuroplanète[1], colloque organisé par *Le Point* en octobre 2016, a appris de nouveaux coups grâce à la machine. Celle-ci pouvait calculer des chemins de possibilités extrêmement larges : 69 coups en profondeur sur une largeur de possibilités très grande, alors que le joueur champion de go va rarement au-delà de 50 coups avec juste quelques chemins possibles, ce qui est déjà une performance. D'après les propos de Fan Hui, il y a une grande différence entre jouer avec un humain et jouer avec une machine. La machine AlphaGo, dénuée d'émotions, se révèle être une sorte de miroir qui nous révèle nos propres émotions et est finalement assez perturbante en cas de ressenti négatif.

Demis Hassabis, champion d'échecs à treize ans et développeur de jeux vidéo à dix-sept, est le patron de Google DeepMind, l'étoile montante de l'intelligence artificielle. Il affirme que l'apprentissage par *deep learning* et l'apprentissage par renforcement vont révolutionner le monde.

Nous sommes d'accord, une intelligence artificielle qui apprend afin d'améliorer ses performances ouvre des perspectives très prometteuses. Mais elle interpelle aussi sur les risques et les enjeux éthiques qu'elle pourrait créer du fait d'un développement non maîtrisé. Hassabis dit également que de nombreux défis restent à relever si on veut développer un système d'intelligence artificielle généralisé. DeepMind n'est pas transférable à de nouvelles tâches. «Nous n'avons aucune idée de comment faire cela. Pas encore», dit Hassabis.

1. http://www.neuroplanete.com/programme-2016

Il y a aussi une idée importante promue par DeepMind, le fait de mettre ses algorithmes en open source et de publier les résultats de ses travaux dans les revues scientifiques. Cette pratique est également mise en avant par Yann LeCun chez Facebook.

« C'est important, car cela fait progresser la recherche scientifique plus vite, explique-t-il. Et le fait que les revues à comité de lecture nous publient, comme l'a fait *Nature* en janvier, sert à mesurer la qualité de notre travail. C'est plus fort et plus fiable que de publier un simple communiqué de presse[1]. » Cette culture d'ouverture des programmes sert aussi quelque part de réponses aux chercheurs tels Stephen Hawking et Elon Musk sur les dangers potentiels de l'intelligence artificielle.

Les GAFAM : Google, Amazon, Facebook, Apple et Microsoft investissent dans l'intelligence artificielle[2], dans la robotique. L'action de Microsoft sur les douze derniers mois de 2016 s'est envolée de + 34 %, les géants de la technologie sont omniprésents dans le classement des grandes fortunes et expliquent la suprématie des Etats-Unis. Sur les trois dernières années, la valeur d'Amazon a triplé, celle de Google (devenu Alphabet) a doublé et celle de Facebook a quintuplé, affolant les investisseurs à tel point que certains craignent une nouvelle bulle financière.

Cinq géants du Web ont trouvé un terrain d'entente pour réfléchir aux conséquences de l'intelligence artificielle sur notre société. Le « Partenariat pour l'intelligence artificielle au bénéfice des citoyens et de la

1. http://www.lesechos.fr/09/03/2016/LesEchos/22146-047-ECH_demis-hassabis–le-maitre-du-jeu-de-google.htm

2. http://www.lefigaro.fr/secteur/high-tech/2016/08/10/32001-20160810ARTFIG00222-les-geants-des-technologies-multiplient-les-rachats-dans-l-intelligence-artificielle.php

société[1] » rassemble Amazon, Google, Facebook, IBM et Microsoft. « Au coude à coude dans la course à l'intelligence artificielle [...] leur partenariat, annoncé le 28 septembre, prendra la forme d'une organisation à but non lucratif. Une fois constituée, elle aura pour objectif de définir des bonnes pratiques, notamment en termes d'éthique, et de communiquer auprès du grand public, pour clarifier les enjeux d'une telle technologie et désamorcer certaines craintes à son sujet[2]. » Rien n'est précisé concrètement dans cette annonce. Les acteurs chinois équivalents des GAFAM arrivent également en Europe : les BATX, pour Baidu (moteur de recherche), Alibaba (YouTube chinois), Tencent (service internet) et Xiaomi (numéro un chinois des fabricants de smartphones, numéro trois mondial derrière Samsung et Apple).

Google met par ailleurs énormément d'argent dans la recherche. Le groupe dépense des millions dans des projets comme Google X Lab, qui développe notamment les lunettes connectées Google Glass et travaille sur les voitures sans chauffeur. En janvier 2015, l'entreprise a investi 900 millions de dollars dans la société de lancements spatiaux, SpaceX, propriété d'Elon Musk. En 2014, il a créé Google Capital pour investir dans des entreprises technologiques. Enfin, il a dépensé des centaines de millions de dollars afin de créer Calico en 2013, un centre de biotechnologies pour combattre les maladies et la vieillesse. Calico (California Life Company), dans le complexe secret du Google X Lab,

1. http://www.lemonde.fr/pixels/article/2016/09/28/intelligence-artificielle-les-geants-du-web-lancent-un-partenariat-sur-l-ethique_5005123_4408996.html

2. http://www.lefigaro.fr/secteur/high-tech/2016/09/29/32001-20160929ARTFIG00153-les-geants-du-web-s-unissent-pour-maitriser-l-intelligence-artificielle.php

avec le but avoué de se concentrer sur le défi de la lutte contre le vieillissement et les maladies associées – avec pour projet de *Tuer la mort*.

Google s'intéresse aussi au mouvement philosophique transhumaniste avec comme vision une hybridation de l'homme et de la machine pour en faire un homme « augmenté ». Les nanotechnologies, biotechnologies, informatique et sciences cognitives (NBIC) désignent un champ scientifique multidisciplinaire qui se situe au carrefour de ces sciences et rendent imaginable cette hybridation. Les messages sur la super-intelligence à portée de main sont souvent poussés par des visions transhumanistes, messages qui sont d'ailleurs souvent décriés par le monde scientifique.

Demis Hassabis affirme qu'il est important d'établir un dialogue et de lancer le débat dès maintenant sur ces machines douées d'apprentissage : « J'ai toujours pensé, comme les autres fondateurs de DeepMind, que les scientifiques qui travaillent sur des technologies importantes ont une responsabilité sociale[1]. » Il est souhaitable que la vision de l'éthique de DeepMind, Google et les autres GAFAM soit ouverte et compréhensible par la communauté tout entière. Déjà la vision de Demis Hassabis est très différente de celle de Ray Kurzweil, l'un des leaders du mouvement transhumaniste, pourtant également chez Google ! « Google est une très grande organisation et DeepMind n'a rien à voir avec Ray Kurzweil ! » se défend Demis Hassabis.

« Pourquoi croire à un moment de rupture où les machines seront supérieures à l'homme ! Elles vont simplement devenir de plus en plus intelligentes et de plus en plus faciles à utiliser. Cela amplifiera notre

---

1. http://www.lesechos.fr/09/03/2016/LesEchos/22146-047-ECH_demis-hassabis–le-maitre-du jeu-de-google.htm

propre intelligence» sont les propos du Français Yann LeCun, professeur à l'université de New York et également directeur du Laboratoire de recherche en intelligence artificielle de Facebook, spécialiste du *deep learning* dans le supplément Idées du *Monde* début juillet 2016.

Nous commençons juste à comprendre comment donner une certaine conscience d'elle-même à la machine pour la rendre capable de raisonnement plus intelligent. Pour qu'un robot puisse apprendre de son environnement, prendre des décisions et des initiatives, faire sa propre expérience, il est nécessaire qu'il ait un premier niveau de conscience de soi. La phénoménologie est un terme utilisé pour la première fois par le philosophe Husserl (1859-1938). Au cœur de la phénoménologie se trouve le concept d'intentionnalité, qui signifie principalement que «la conscience est conscience de quelque chose».

Plus de 150 experts, en majorité anglo-saxons, ont donné leur avis sur la machine pensante, l'intelligence artificielle forte et la conscience dans le livre *What to Think About Machines that Think* de John Brockman, paru en 2015.

- Stanislas Dehaene, cogniticien, neuroscientifique qui travaille au Collège de France, auteur de *Consciousness and the Brain*. Quand Turing invente l'ordinateur, il confesse qu'il cherche à imiter l'humain. En 2015, étudier le cerveau humain est encore notre meilleure idée pour créer des machines pensantes. Il y a cependant deux aspects étudiés en sciences cognitives qui sont peu développés en simulation sur machine. Le premier est un espace de travail global : les programmes actuels sont modulaires, chaque module est indépendant des autres et ne partage pas un espace commun. Le second aspect concerne la théorie de l'esprit : une représentation mentale des personnes avec qui on interagit est codée également dans notre cerveau. Actuellement, les systèmes les plus avancés essaient de donner cette capacité au robot.

- Nick Bostrom, philosophe suédois qui travaille à l'université britannique d'Oxford dans l'Institut pour l'avenir de l'humanité, auteur de *Superintelligence : Paths, Dangers, Strategies,* explique dans ce livre que «la machine est encore peu douée pour penser sauf dans des domaines spécialisés. Cependant, les machines sont déjà beaucoup plus fortes physiquement et plus rapides que n'importe quelle créature biologique. On ne sait absolument pas quand elle aura une intelligence humaine».
- Stuart Russell qui mène ses recherches à l'université californienne de Berkeley avec Peter Norvig, auteur de *Artificial Intelligence: A Modern Approach*, pense qu'«il faut construire une intelligence machine alignée sur les valeurs humaines».
- Max Tegmark, chercheur au MIT (Massachusetts Institute of Technology) et au Future of Life Institute (FLI, Institut pour l'avenir de la vie), explique que la question la plus importante avec l'intelligence artificielle est : «Que voulons-nous en faire? Qu'arrivera-t-il aux humains si les machines les remplacent graduellement sur le marché du travail?»
- Demis Hassabis, président-directeur général de Google DeepMind, est préoccupé par l'éthique et la sécurité, et il trouve que beaucoup de personnes sont trop optimistes sur l'intelligence artificielle en

> pensant que tout est possible dans peu de temps. Il cite Peter Norvig qui s'étonne que les propos tenus sur l'intelligence artificielle se soient radicalement transformés. Maintenant, au lieu de «*Isn't it terrible that Artificial Intelligence is a failure?*», nous entendons dans les médias : «*Isn't it terrible that Artificial Intelligence is a success?*»

Actuellement, les nouvelles découvertes sur le cerveau et sur la manière d'optimiser ses capacités sont importantes, les avancées plus incroyables les unes que les autres, mais nous n'en savons pas beaucoup plus sur l'organisation de l'ensemble du cerveau. Le projet «Human Brain Machine» de l'Ecole polytechnique fédérale de Lausanne (EPFL) a pour but de recopier le cerveau d'un mammifère sur une machine... mais nous avons encore beaucoup de progrès à faire pour comprendre le fonctionnement d'un cerveau!

Les lois de Moore (ou conjectures de Moore), 1965, sont des lois empiriques qui ont trait à l'évolution de la puissance des ordinateurs et à la complexité du matériel informatique. Tous les dix-huit mois, la puissance des machines est multipliée par deux. Cette conjecture n'a jamais été démentie. L'augmentation constante des capacités de calcul des ordinateurs permet d'augmenter les performances de l'intelligence artificielle, mais l'intelligence ne peut être réduite à du calcul. Nous pouvons simplement dire que ces capacités accrues de calcul vont amener des améliorations des performances de l'intelligence artificielle spécifique. Rien ne prouve que plus de puissance de calcul amène à une intelligence dite «forte», c'est-à-dire générale. Nous venons de vivre deux hivers de l'intelligence artificielle, cela peut se reproduire.

Il ne faut pas avoir peur d'une machine qui serait plus intelligente que l'homme parce que celui-ci est battu aux échecs ou au jeu de go. Beaucoup de personnes non expertes du domaine en ont déduit un peu rapidement que cette avancée majeure allait permettre des progrès fulgurants en intelligence artificielle et en robotique sociale. Certes, il y aura de plus en plus d'applications, mais très spécifiques.

Le transhumanisme est un courant de pensée prônant l'utilisation de la science et de la technologie numérique pour améliorer les capacités physiques et mentales des humains. Ce courant de pensée est encore mal connu en Europe[1]. Le biologiste américain Julian Huxley semble avoir été le premier à utiliser le terme de « transhumanisme ». Julian Huxley est le frère de l'écrivain Aldous Huxley, auteur de l'ouvrage de science-fiction *Le Meilleur des mondes* en 1932[2], ce n'est certainement pas un hasard, puisque Julian Huxley était un partisan de l'eugénisme comme moyen d'amélioration de la population humaine. En 1957, Julian définit le transhumain comme « un homme qui reste un homme, mais se transcende lui-même en déployant de nouvelles possibilités pour sa nature humaine[3] ».

Il faudra peut-être repenser notre définition de l'homme car la convergence ou l'interconnexion croissante entre le corps et la machine risque d'avoir des conséquences tout à fait nouvelles. Le transhumanisme recherche un bien-être individuel plutôt que collectif, malgré les débuts de ce courant en France

1. Cf. L. Ferry, *La Révolution transhumaniste*, Plon, 2016.
2. Publié chez Plon.
3. https://letranshumanisme.wordpress.com/introduction

dans les années 1980 qui prônait l'égalité grâce à la technologie.

Certains théoriciens transhumanistes, comme le futurologue Ray Kurzweil, considèrent que le rythme du changement technologique est en train de s'accélérer et que les cinquante prochaines années verront apparaître non seulement des avancées technologiques radicales, mais aussi une singularité technologique, un point d'inflexion qui changera la nature même de l'homme. Selon Ray Kurzweil, « les ordinateurs seront, dès 2029, dotés "d'intelligence émotionnelle, pourront être drôles, comprendre des blagues, être sexy, aimants et percevoir les émotions humaines[1]". » Ces deux thèmes, les émotions et l'humour machine, font partie de mes recherches actuelles ! Il est donc important de démystifier les modélisations sur machine et de donner l'état de l'art de la technologie et de ses performances.

En 1998, les philosophes Nick Bostrom et David Pearce fondent la WTA (*World Transhumanist Association*, « Association mondiale de transhumanisme »), une organisation non gouvernementale et internationale créée dans le but de promouvoir le transhumanisme, et surtout pour que cette discipline soit reconnue tant par les scientifiques que par les pouvoirs publics. En 2002, la WTA modifie et adopte la Déclaration transhumaniste, un traité mis au point par les instigateurs du mouvement pour que les scientifiques continuent à respecter l'humain en tant que tel. Enfin, en 2008, la WTA change de nom pour *Humanity +* afin de donner une image plus respectueuse de l'être humain. Les transhumanistes, tout en

---

1. http://www.lemonde.fr/festival/article/2015/09/23/ray-kurzweil-le-salarie-de-google-qui-veut-terrasser-la-mort_4767845_4415198.html

étant dans le domaine des sciences, abordent les thèmes de prédilection des religions, tels que le destin ultime de l'homme et de l'univers, le rapport à la mort et l'abolition de la souffrance.

La perspective transhumaniste d'une humanité transformée a suscité de nombreuses réactions, tant positives que négatives. Deux grands courants transhumanistes sont présents : le premier est un projet d'amélioration et de progrès biologique, le second est un projet « cybernétique » d'une hybridation de l'homme et de la machine mobilisant la robotique et l'intelligence artificielle. Il s'agirait, notamment grâce à des implants cérébraux de connecter l'homme avec l'intelligence artificielle sur les réseaux du Web. C'est ce projet que propose Ray Kurzweil, le patron de l'université de la Singularité, créée et financée par Google dans la Silicon Valley depuis 2008.

Edgar Morin explique dans son essai *Penser global* en 2015 que « les nouveaux pouvoirs transhumains seront inhumains s'ils ne sont pas sous contrôle d'une humanité ressourcée au meilleur d'elle-même ».

Les discussions sur la super-intelligence sont nées d'alertes, des propos des transhumanistes et de déclarations de scientifiques éminemment connus, notamment de Stephen Hawking, de l'entrepreneur Elon Musk (cofondateur des sociétés PayPal, SpaceX, Tesla Motors et SolarCity), ou encore de Bill Gates (Microsoft).

Le mouvement transhumaniste s'appuie sur plusieurs groupes d'experts. Le premier regroupe des philosophes et penseurs, et se compose d'individualités radicalement différentes : Ray Kurzweil, visionnaire, figure excentrique, Nick Bostrom, plus philosophe et modéré, ou encore Zoltan Istvan, écrivain et philosophe. Ce dernier s'est lancé dans la campagne de l'élection présidentielle en 2016, après avoir fondé le

«Parti transhumaniste» dont le programme est l'immortalité. Le deuxième groupe est celui des financeurs. Le troisième groupe celui des scientifiques. Le dernier est un mélange d'individus, dont le milliardaire russe Dmitry Itskov, qui a décidé d'y consacrer sa fortune : le projet Avatar 2045[1] contient plusieurs phases, recopier son cerveau dans un cerveau artificiel et recopier son corps en hologramme.

Le transhumanisme déclenche les passions : de nombreux écrits sont produits contre ou pour cette vision. Francis Fukuyama, philosophe et économiste américain, a ainsi déclaré qu'il s'agit de l'idée la plus dangereuse du monde, ce à quoi Ronald Bailey, un transhumaniste libertarien, répond que c'est, au contraire, le «mouvement qui incarne les aspirations les plus audacieuses, courageuses, imaginatives et idéalistes de l'humanité[2]». Le transhumanisme annonce et promeut l'apparition d'une espèce nouvelle post-humaine de cyborgs (humain qui a reçu des greffes de parties mécaniques). Grâce à l'hybridation ordinateur-cerveau, les implants ou neuroprothèses nous proposent une augmentation de nos capacités : nous pourrons téléguider des machines par la pensée, voir dans le noir, entendre à distance, télécharger des compétences, etc. Les médecins pourront traiter nos états dépressifs, modifier nos émotions... Cette vision du cerveau amélioré par la technologie afin de supprimer nos faiblesses et nos défauts n'est pas forcément bonne.

Miguel Benasayag, philosophe et psychanalyste, explique dans son livre, *Cerveau augmenté, homme diminué* paru en 2016, pourquoi, à partir des recherches

1. www.2045.com
2. R. Bailey, «Transhumanism: the most dangerous idea?», *Reason*, 2004.

récentes en neurosciences, ce nouvel idéal du « cerveau augmenté » est en réalité une illusion dangereuse : le monde qu'entendent préparer les transhumanistes et certains scientifiques risque fort d'être surtout habité par la folie et la maladie !

Evitons le glissement vers des idées extrêmes de la science-fiction répandues parmi les transhumanistes ! La convergence des techniques souligne l'interconnexion croissante entre « l'infiniment petit (N), la fabrication du vivant (B), les machines pensantes (I) et l'étude du cerveau humain (C) ». Les transhumanistes soutiennent la convergence des techniques (NBIC) ainsi que d'hypothétiques sciences futures comme la réalité simulée, l'intelligence artificielle « forte », le téléchargement de l'esprit et la cryonique. Vieille de près d'un demi-siècle, la technique de la cryonie[1] consiste à préserver des corps humains grâce au froid, dans l'optique de les ramener à la vie quand les progrès de la science auront permis d'inverser les processus de vieillesse et de mort. Ces prises de position ne sont pas étayées scientifiquement. Le mouvement transhumaniste a énormément de détracteurs partout dans le monde, y compris aux Etats-Unis.

Toutes les recherches sont encouragées par les transhumanistes, y compris celles qui prêtent à controverse, par exemple le génie génétique appliqué aux humains ou le téléchargement de tout ou partie du cerveau sur ordinateur. Considérant que les avancées de la technique mènent à la création d'une intelligence artificielle dont les capacités peuvent dépasser celles des humains, les transhumanistes appellent de leurs vœux le remplacement pur et simple de l'espèce humaine par

1. Trois cents personnes dans le monde ont été cryogénisées, aucune n'a encore été sortie de son état.

une nouvelle : le cyborg[1], homme augmenté par la technologie. C'est pourquoi le transhumanisme est souvent appelé post-humanisme.

La singularité est un concept selon lequel, à partir d'un point hypothétique de son évolution technologique, l'humanité pourrait vivre une rupture : l'homme ne serait plus maître du progrès et perdrait le pouvoir au profit des machines dont la super-intelligence serait en progression constante. C'est une analogie à la singularité gravitationnelle d'un trou noir en physique. Plusieurs futurologues et transhumanistes attendent ce moment pour la troisième décennie du XXIe siècle.

Certains disent, comme le patron de Netflix, qui propose des vidéos à la demande : « Nous sommes engagés dans une course entre humains biologiques, faits à base de carbone, et machines, faites à base de silicium. » Mais qui peut prendre en compte actuellement sérieusement ce genre de prédiction ? L'émergence d'une conscience artificielle, de sentiments, de pensées n'a aucune chance de se produire avec les architectures d'ordinateurs actuels. Une hybridation entre carbone et silicium est une vision plus réaliste si l'on imagine doter les machines de capacités surhumaines.

Dans une lettre ouverte, sept cents personnalités de la recherche, le 10 janvier 2015, expliquent les dangers de l'intelligence artificielle, et spécialement de l'apprentissage machine pour les applications militaires. Ils réclament l'arrêt des robots tueurs.

Joseph Weizenbaum, un pionnier de l'informatique et de l'intelligence artificielle avec le programme ELIZA, premier agent conversationnel en 1964, avait lui aussi dénoncé très tôt l'impact de la science et de

---

1. Un cyborg est un être humain qui a reçu des greffes de parties mécaniques.

la technologie sur la société. Lors de son témoignage dans le film documentaire allemand *Plug & Pray*, réalisé par Jens Schanze en 2010, il appelle à un questionnement éthique des jeunes chercheurs, et rend attentif à la disparition de la morale et de l'esprit dans notre société moderne orientée vers la science.

Dans ce film, on entend aussi les positions du transhumaniste Ray Kurzweil, chargé de conseils auprès de l'armée américaine dans les domaines scientifiques et techniques. Depuis quelques années, Google est devenu un des principaux sponsors du mouvement transhumaniste. En décembre 2012, Ray Kurzweil annonce qu'il rejoint Google pour travailler à de nouveaux projets impliquant « l'apprentissage automatisé et le traitement du langage ». Kurzweil a souligné l'extrême danger des nanotechnologies mais fait valoir que, dans la pratique, les progrès ne peuvent pas être arrêtés. L'hybridation humain-machine est pour lui inéluctable.

Elon Musk, lui, dénonce les dangers de l'intelligence artificielle. En décembre 2015, il lance l'organisation OpenAI qui se veut un centre de recherche en intelligence artificielle. Pour faire face aux dangers de celle-ci, démocratisons autant que possible la technologie. « Si tout le monde dispose des pouvoirs de l'intelligence artificielle, alors il n'y aura pas une seule personne, ou un petit groupe d'individus qui disposeront des superpouvoirs de l'intelligence artificielle », explique-t-il dans une interview. « Pour éviter d'être vassalisés par l'intelligence artificielle, il faut équiper l'homme d'implants intracérébraux afin de le rendre plus intelligent », dit-il aussi le 3 juin 2016. C'est aussi la vision de Kurzweil. Ironie ou ambiguïté de la part d'Elon Musk ? Ce dernier veut également développer une colonie humaine autonome d'un million de personnes sur Mars. Il pense que ce projet sera faisable d'ici quarante à cent ans. Le milliardaire est le premier à lancer une société privée à la conquête de l'espace avec SpaceX.

Si Stephen Hawking a pu lancer son appel à la vigilance sur l'intelligence artificielle, c'est en partie grâce à un ordinateur très avancé de synthèse de la parole qui utilise l'apprentissage machine et permet à ce physicien atteint de la maladie de Charcot de s'exprimer. Stephen Hawking, professeur de mathématiques, astrophysicien, a pourtant donné un avis très alarmiste sur l'intelligence artificielle en 2015 dans une interview à la BBC : «Je pense que le développement d'une intelligence complète pourrait mettre fin à la race humaine. Les humains, limités par une lente évolution biologique, ne pourraient pas rivaliser et seraient dépassés.» Il a ensuite pondéré ses propos après une discussion avec le P-DG de DeepMind. Les propos les plus récents de Stephen Hawking appuient ceux d'Elon Musk : «Je pense que la race humaine n'a pas d'avenir si elle ne va pas dans l'espace. Nous devons inspirer la prochaine génération à s'engager dans l'espace et la science en général.»

Bill Gates, en 2015, estime qu'il faut aborder les développements d'intelligence artificielle avec la plus grande prudence. «Je suis dans le camp de ceux qui s'inquiètent du développement d'une super-intelligence», a expliqué le cofondateur de Microsoft. «D'abord, les machines réaliseront pour nous de nombreuses tâches sans être très intelligentes. Cela devrait s'avérer positif si nous les gérons bien. Mais, quelques décennies plus tard, leur intelligence sera suffisamment développée pour devenir un sujet d'inquiétude[1].»

Il faut mesurer la portée de ces déclarations qui prônent avant tout l'intelligence des machines. La

1. http://www.silicon.fr/bill-gates-mefie-progres-intelligence-artificielle-107104.html

réalité de la technologie est autre, malgré des avancées remarquables.

Voici quelques anecdotes illustrant les limites des machines à l'heure actuelle et le manque de contrôle sur les algorithmes d'apprentissage machine.

- Tay, l'intelligence artificielle de Microsoft devenue raciste au contact des humains (23/03/16)[1] a déjà été évoquée dans la fiction d'introduction : Tay est le nom donné à une intelligence artificielle développée par Microsoft et Bing censée reproduire les conversations d'une jeune femme âgée d'une vingtaine d'années sur Twitter. L'agent conversationnel Tay, que l'on appelle dans notre jargon un chatbot, a publié son premier tweet le mercredi 23 mars 2016 sur son compte @TayandYou. Tay apprend en vous parlant : sa plus grande force est aussi sa plus grande faiblesse. Partant de ce postulat, il est donc possible de faire dire tout et n'importe quoi au robot. Les internautes se sont empressés de tester les limites du système en ayant pour objectif de le faire déraper. Opération réussie en seize heures seulement... Le robot tenait des propos racistes, antiféministes, pro-nazis et pro-inceste. Pour bien faire, il aurait fallu que cette intelligence artificielle dispose de «parents» qui lui «apprennent» l'histoire, afin de limiter les risques de dérives sur des sujets sensibles et les règles morales de la société.
- La technologie de reconnaissance faciale de Google Photos est-elle raciste? (02/07/15)[2] : Google Photos

1. http://www.lefigaro.fr/secteur/high-tech/2016/03/24/32001-20160324ARTFIG00298-tay-l-intelligence-artificielle-de-microsoft-devenue-raciste-au-contact-des-humains.php
2. http://www.lefigaro.fr/secteur/high-tech/2015/07/02/32001-20150702ARTFIG00144-la-technologie-de-reconnaissance-faciale-est-elle-raciste.php

est une application capable de détecter le contenu de clichés. Les machines font des erreurs, mais certaines sont plus blessantes ou terrifiantes que d'autres. Le service développé par Google propose depuis quelques semaines une nouvelle fonctionnalité : il range les photos en détectant automatiquement certains éléments, comme la présence d'un paysage, d'un animal ou d'un objet. Jacky Alciné, un développeur américain, a eu la mauvaise surprise, en voulant trier ses photos, d'être reconnu ainsi que son amie comme des gorilles. Il s'est plaint sur Twitter. Google a très vite présenté ses excuses et a momentanément retiré la catégorie gorille. Jacky Alciné n'est pas le premier utilisateur victime de ces erreurs des machines. Sur Twitter, d'autres internautes ont remarqué les imprécisions de Google Photos, qui peut ranger des enfants ou des adultes, de plusieurs couleurs de peau, dans la catégorie « chien » ou « chat ».

- En Russie, une application de reconnaissance faciale a été détournée pour révéler l'identité d'actrices de films X (28/04/16)[1]. FindFace est sortie en février seulement mais, depuis, cette application russe ne cesse de faire parler d'elle. Le principe : grâce à son système de reconnaissance faciale, une photo suffit pour qu'elle retrouve le profil de la personne sur VKontakte, l'équivalent de Facebook en Russie. Certains utilisateurs ont imaginé une utilisation bien moins philanthropique. Sur la plateforme Dvash,

1. http://www.lemonde.fr/pixels/article/2016/04/28/en-russie-une-application-de-reconnaissance-faciale-detournee-pour-reveler-l-identite-d-actrices-de-films-x_4910512_4408996.html

l'équivalent russe de 4chan, un forum anonyme et fourre-tout controversé, des internautes ont décidé de se servir de cette application pour mener une chasse aux actrices de films pornographiques et aux prostituées.

En résumé, les robots égaux ou supérieurs aux hommes ne sont pas pour demain, mais il est urgent de contrôler les applications dans le domaine de l'apprentissage machine.

L'idée des transhumanistes est très séduisante : améliorer l'humain. Mais il est peu probable que tout le monde puisse bénéficier des dernières avancées technologiques. Le mouvement transhumaniste cache une idée d'eugénisme et d'amélioration de la vie pour une élite. Ces peurs ne doivent pas pour autant gâcher et masquer les formidables possibilités qu'offrent les robots sociaux pour notre bien-être. Les robots vont arriver dans la société et, pour peu que nous puissions les contrôler, ils seront des machines très utiles pour de nombreuses applications et l'éthique représentera un atout de compétitivité.

Grâce à une spectaculaire réussite économique, les entreprises de la Silicon Valley façonnent la société numérique avec comme credo la volonté de changer le monde. Philippe Vion-Dury révèle dans son livre *La Nouvelle Servitude volontaire*[1] : « Ils veulent changer notre quotidien en généralisant la prédiction algorithmique. L'homme devient intégralement transparent, immatériel. La liberté de choisir, la créativité et l'émancipation sont désormais remplacées par l'anticipation, la prédiction et la régulation. C'est bien plus

1. https://iatranshumanisme.com/2016/10/29/la-nouvelle-servitude-volontaire-enquete-sur-le-projet-politique-de-la-silicon-valley

qu'une révolution numérique ; c'est un véritable projet politique qui est à l'œuvre. » Philippe Vion-Dury démontre que les modèles prédictifs, les algorithmes et les objets connectés instaurent une société du contrôle dans laquelle l'individu, comme le collectif, abandonne la maîtrise de son destin. *Super triste histoire d'amour* est une fiction, une dystopie[1] numérique de l'écrivain américain Gary Shteyngart publiée en 2012 et qui porte sur la destruction de la vie privée. Le gouvernement chinois est en train d'en faire une histoire vraie, il compte utiliser non seulement la solvabilité financière des citoyens mais aussi leur comportement social et politique, dans ce qu'il appelle un « système de crédit social[2] ». Les premiers tests ont eu lieu en 2010 dans la province de Jiangsu, au nord de Shanghai. L'administration locale a attribué des points à des individus pour leur bon comportement et en a enlevé pour toutes infractions. Ceux qui ont marqué des points ont pu bénéficier de récompenses : promotion accélérée, accès à des logements sociaux. Le projet s'est révélé un échec, les données utilisées étant à la base non égalitaires, mais ce plan n'a pas été abandonné. Il continue et vise à recueillir des informations de plus en plus nombreuses sur les comportements, comme l'honnêteté des citoyens, des fonctionnaires et des entreprises.

Les chercheurs, dans leur grande majorité, pensent que l'intelligence artificielle va surtout nous apporter beaucoup d'applications bénéfiques, mais nous ne pouvons que constater le monopole des données des GAFAM et des BATX, le manque de visibilité des résultats et

---

1. Une utopie qui vire au cauchemar.
2. http://www.economist.com/news/briefing/21711902-worrying-implications-its-social-credit-project-china-invents-digital-totalitarian

d'explication des performances. Saurons-nous éviter la société du tout-contrôle ?

La défaite de Lee Sedol battu au jeu de go par AlphaGo de Google DeepMind a eu aussi plusieurs conséquences : la réaction du gouvernement sud-coréen a été de lancer un investissement de 765 millions d'euros dans la recherche en intelligence artificielle d'ici 2020 ; les gouvernements chinois et japonais ont également mis beaucoup d'argent pour construire chacun une machine qui battra AlphaGo au jeu de go. Les différents pays vont s'affronter à travers des intelligences artificielles !

Tous ces fantasmes parce que l'ordinateur fait des choses que les hommes sont incapables de faire, comme des recherches dans des milliards de fichiers en un temps négligeable ! Il est nécessaire d'expliquer raisonnablement le potentiel de ces technologies et de discuter sur les interventions médiatiques qui font plus peur qu'elles ne rassurent.

« Beaucoup des scénarios catastrophes sont élaborés par des gens qui ne connaissent pas les limites actuelles du domaine. Or les spécialistes disent qu'ils sont loin de la réalité », estime le Français Yann LeCun, professeur à l'université de New York et également directeur du Laboratoire de recherche en intelligence artificielle de Facebook.

« Fondamentalement, l'ordinateur et l'homme sont les deux opposés les plus intégraux qui existent », explique Gérard Berry, informaticien et professeur au Collège de France, médaille d'or 2014 du CNRS, dans un entretien de *L'Obs*[1]. Il explique : « L'homme est lent, peu rigoureux et très intuitif. L'ordinateur est super rapide, très rigoureux et complètement con. »

1. http://tempsreel.nouvelobs.com/rue89/rue89-le-grand-entretien/20160826.RUE7684/gerard-berry-l-ordinateur-est-completement-con.html

L'intelligence des machines : halte aux fantasmes !

Les interrogations des pères de l'intelligence artificielle, Turing, Minsky et McCarthy, sur la possibilité de construire des machines pensantes, sont toujours très actuelles cinquante plus tard et seront pendant encore longtemps des questionnements pour la communauté des chercheurs en intelligence artificielle. Depuis l'article de Turing en 1950[1], les philosophes s'interrogent pour savoir si l'on peut affirmer qu'une machine dotée d'une intelligence artificielle est intelligente ou bien si elle n'est qu'un simulacre d'intelligence.

L'intelligence artificielle est en train de changer pour aller de l'intelligence artificielle fabriquée pour une tâche spécifique – jouer aux échecs, trouver le trajet le plus court sur une carte – à une intelligence artificielle plus générale, susceptible de s'adapter à plusieurs tâches et capable de prendre des décisions de façon autonome.

L'évaluation des systèmes complexes à base d'intelligence artificielle et tout particulièrement des réseaux de neurones est un des sujets défis de nos domaines. Il est important d'évaluer la proximité des systèmes d'intelligence artificielle avec l'intelligence humaine et d'évaluer leur autonomie. L'autonomie est la capacité d'exécuter des tâches prévues à partir de l'état courant et de la perception, sans intervention humaine (source : ISO 8373 : 2012).

L'intelligence artificielle et l'autonomie impliquent de redéfinir les critères qui détermineront si un système artificiel est intelligent. Ainsi que l'avait proposé Alan Turing dans son test, nous pouvons développer des séries de comportements souhaitables du robot dans certains contextes et tâches, et le soumettre à ces

1. A. Turing, *Computing Machinery and Intelligence*, Mind, 1950.

tests. Il est cependant aussi important, comme nous l'avons précisé, de rendre ces objets complexes plus transparents : c'est-à-dire qu'ils ne soient pas comme une boîte noire mais qu'ils puissent expliquer le plus possible leurs comportements.

Le célèbre test de Turing, qui est une proposition de test d'intelligence artificielle fondée sur la faculté d'imiter la conversation humaine, est appliqué aux machines conversationnelles pour évaluer si la machine qui cherche à imiter l'humain peut être confondue avec lui. Le test de l'imitation n'est pas un test à proprement parler d'intelligence ! Il est nécessaire d'aller au-delà. L'imitation n'est-elle pas une sorte de mensonge ? Certes, on peut mentir pour le bien des autres. Il s'est d'ailleurs tenu le *Allen Artificial Intelligence Science Challenge*[1] en février 2016 destiné à faire passer à des intelligences artificielles, un test niveau quatrième en science. L'intelligence artificielle victorieuse aurait répondu correctement à 59 %, mais il ne s'agit que d'un QCM. D'autres tests sont à l'étude, tel Aristo[2], qui demanderait à la machine de répondre à des questions ouvertes par des phrases.

Il semble de plus en plus important d'aller au-delà du test de Turing[3] et de prévoir des batteries de tests repérant les différentes capacités d'un système, une sorte de permis ou d'examen des robots.

---

1. C. Schoenick, P. Clark, O. Tafjord, P. Turney, O. Etzioni, *Moving Beyong the Turing Tests with the Allen AI Science Challenge*, arXiv:1604.04315v2[cs.Al]2016
2. http://allenai.org/aristo
3. http://vision.stanford.edu/Science-2015-Turing.pdf

DEUXIÈME PARTIE

Les robots : aujourd'hui et demain

1

Qu'est-ce qu'un robot social?

« L'être humain croira toujours que plus le robot paraît humain, plus il est avancé, complexe et intelligent. »

Isaac Asimov, *Le Cycle des robots*, t. V : *Les Robots de l'aube*.

Un robot est une coquille vide, et pourtant d'après l'auteur de science-fiction Isaac Asimov, les humains vont se méprendre : plus il aura l'air humain, plus on pourra le croire intelligent.

Votre robot de cuisine n'est pas considéré comme un robot, c'est un automate; c'est également le cas des robots télé-opérés, comme les bras qui servent à manipuler les cœurs de réacteurs ou pour la chirurgie. Les robots sont construits avec des fonctionnalités pour nous servir et non comme des outils multitâches ressemblant à l'humain.

Les robots auront différentes formes, à roulettes ou immobiles, avec des bras, un visage, ou ne ressembleront à rien de vivant, très grands ou tenant dans la poche comme le robot smartphone RoBoHoN de Sharp. Les robots sociaux arrivent avec des noms plus ou moins de science-fiction[1] : Paro[2], Pepper, Nao, Romeo[3], Jibo, Amazon Echo[4], Buddy[5], Kampaï[6], Asimo[7], Otto[8], Floka[9], etc. Ils sauront parler, nous écouter et nous répondre. Les robots sont des machines, certes, mais des machines pas comme les autres puisqu'elles sont fabriquées pour imiter les hommes sur des tâches spécifiques.

Ils commencent à faire leur apparition autour de nous : Pepper accueille les clients dans les magasins SoftBank, Nestlé et Nespresso au Japon, et en France chez Carrefour, Darty ou dans quelques gares SNCF. En 2015, le premier hôtel japonais, quasiment géré par des robots, avait à sa réception un robot tyrannosaure et un Nao ! Le robot Paro est déjà présent dans beaucoup de maisons de retraite en France et dans de nombreux pays étrangers.

Les robots opèrent déjà dans des secteurs industriels, militaires et de la santé. Ils sont utilisés dans l'industrie pour faire des tâches répétitives avec une précision constante. A la suite de l'évolution des techniques, on retrouve des robots dans des secteurs de pointe : des robots assistants d'opération médicale ou des robots drones télé-opérés utilisés comme arme

1. La liste des robots n'est évidemment pas exhaustive.
2. Robot japonais, http://www.agevillage.com/actualite-11619-1-paro-la-peluche-experimentee-en-maison-de-retraite-pour-les-malades-d-alzheimer.html
3. Romeo est un robot humanoïde de la société SoftBank.
4. Jibo et Amazon Echo sont des robots conversationnels développés aux Etats-Unis.
5. Buddy, robot français de la société Blue Frog Robotics.
6. Kampaï, robot assistant pour les personnes âgées de la société française Robosoft.
7. Asimo est un robot humanoïde développé par le constructeur Honda.
8. Otto est un prototype de robot développé par Samsung.
9. Floka a été créé par l'université allemande de Bielefeld.

létale. Les premiers robots à domicile sont des robots utilitaires pour l'entretien : des robots aspirateurs ou tondeuses.

Les robots les plus avancés embarquent de nombreux modules d'intelligence artificielle pour la perception, le raisonnement ou la génération. D'après la lexicographie du Centre national de ressources textuelles et lexicales (CNRTL) créé par le CNRS, l'intelligence artificielle est «la recherche de moyens susceptibles de doter les systèmes informatiques de capacités intellectuelles comparables à celles des êtres humains». Une définition plus technique pourrait être : «L'intelligence artificielle perçoit l'environnement, l'analyse, et prend une décision en conséquence mais surtout apprend.»

Les robots sont des machines plus ou moins autonomes et intelligentes capables d'exécuter des tâches dans le monde par eux-mêmes, sans contrôle humain explicite. Cependant, le robot n'a pas de volonté propre et est piloté par la volonté des humains qui écrivent ses programmes. Les exemples vont des hélicoptères autonomes à l'aspirateur robot. L'inspiration biologique constitue la base de nombreux développements récents en matière de robotique pour des questions de contrôle, d'architecture, d'apprentissage, de manipulation, de saisie, de navigation, de cartographie ou encore de dialogue.

La différence entre un automate et un robot est fondamentale. Les premières «machines robotiques» sont des automates. Le canard de Vaucanson est un automate préprogrammé, exposé en 1744 au Palais-Royal, qui peut manger des graines et digérer, cancaner et simuler la nage. D'AlphaGo, de Google DeepMind, à l'automate standard dans une chaîne de production d'une usine, la définition de ce que l'on appelle «machine» est très différente. Les premières «machines robotiques» dans l'industrie n'intègrent pas de module d'intelligence artificielle, elles répondent à des programmes informatiques qui ne laissent aucun choix à la machine. L'automate obéit à un programme préétabli alors que le robot autonome dispose de capteurs, et ses actions seront décidées par l'intermédiaire de son programme en fonction de l'environnement.

Nous parlons dans ce livre principalement de l'interaction homme-machine avec des robots humanoïdes, nous n'aborderons pas la locomotion (à roues, jambes, le vol, la nage, et les robots rampants), la manipulation (avec un ou deux bras et les mains), la localisation, la navigation et la cartographie. Il y a de nombreux types de robots construits pour la recherche, l'industrie et l'armée, comprenant des machines à deux pieds, ou quatre, six et huit pattes, et les fameux robots humanoïdes Nao, Romeo, Pepper[1], RoBoHoN, Asimo[2], ou encore des véhicules robotiques sous-marins.

Le grand changement entre les robots actuels et ceux de demain est lié à deux points : tout d'abord, nous allons interagir avec des robots, ensuite nous allons les accueillir dans nos maisons. Ils vont partager notre quotidien et notre intimité.

Vous avez déjà peut-être chez vous ces fameux robots aspirateurs? Vous aurez demain des robots majordomes, surveillants, gardes d'enfants, ou encore des robots assistants de vie à domicile pour les personnes âgées ou des personnes en perte d'autonomie. Les robots sociaux, comme les assistants personnels compagnons, ne seront pas forcément créés pour une

1. Pepper, Nao et Romeo sont de la société japonaise SoftBank, anciennement la société française Aldebaran Robotics.

2. RoBoHoN (Sharp), Asimo (Honda) sont des robots japonais.

tâche précise, ils nous accompagneront dans notre vie de tous les jours. LILY est un robot social.

En 2007, Bill Gates comparait l'évolution de la robotique à celle des ordinateurs et prédisait qu'un jour nous aurions tous un robot chez nous, comme nous avons tous fini par avoir un ordinateur dans nos maisons. Actuellement il y a parfois un ordinateur par personne dans les familles. Pourrait-on imaginer un robot assistant chaque personne? En 2014, plus de dix millions de robots aspirateurs ont été vendus dans le monde, demain est-ce que ce sera l'explosion des robots sociaux?

En robotique sociale, il ne s'agit pas de remplacer des humains par des machines, ni de ne s'entourer que de machines, mais de profiter de la grande différence entre les organismes biologiques et les machines électroniques pour leur faire faire ce en quoi elles excellent : des additions ou encore des recherches dans des millions de données.

La robotique industrielle regroupe des applications que l'on définit par les 4D : «*Dangerous, Dull, Dirty and Dumb*[1]», qui portent sur des travaux dangereux, ennuyeux, sales et stupides. Certaines de ces machines ont déjà remplacé les hommes, par exemple dans les chaînes de montage des usines de voitures ou dans les enceintes de confinement de réacteurs nucléaires.

La robotique sociale, personnelle et de service est régie, elle, par les 4E : «*Everyday, E-Heath, Education, Entertainment*», dans laquelle les robots sont présents afin de nous accompagner au quotidien, surveiller notre santé, nous assister pour l'éducation et nous amuser. Pour ces tâches, le robot est vu comme un compagnon

1. G. A. Bekey, *Robotics : State of the Art and Future Challenges*, Presse Imperial College, 2008.

ou encore un assistant, mais certainement pas comme un remplaçant.

Imaginez les premiers robots comme des iPhone installés sur des plateformes mobiles à qui on peut déjà poser des questions, comme nous le faisons avec l'agent conversationnel Siri sur notre smartphone. Et puis, plus tard, des robots humanoïdes, plus grands, plus intelligents, avec qui nous pourrons avoir de véritables conversations !

Qu'y a-t-il de nouveau avec les robots sociaux qui sont en test dans les laboratoires ? Au moins ces trois dimensions que sont l'autonomie, l'apprentissage et l'affect.

- L'*autonomie* est la capacité d'exécuter des tâches sans intervention humaine. Les robots sociaux ont souvent une *autonomie* qui les rend capables de décider par eux-mêmes en fonction de ce qu'ils perçoivent et connaissent. Il y a cependant différents niveaux d'autonomie pour les robots.

Il est normal de voir dans l'autonomie des dangers dont il est nécessaire que la société s'empare. Le débat public est déjà important à propos des robots autonomes comme armes létales.

- Les principes d'*apprentissage* des robots sont liés à l'imitation et à l'association. Les robots sociaux vont pouvoir apprendre en interaction avec nous.

Nous pourrons nous attacher à ces machines, d'autant plus si elles apprennent grâce à nous. Nous nous sentirons responsables de leur apprentissage, un peu comme nous le sommes avec nos enfants.

- Les machines *affectives* vont pouvoir détecter nos émotions et nous répondre en simulant des émotions. Les machines vont pouvoir nous faire croire qu'elles nous aiment ! Elles seront empathiques.

La machine n'a pas d'émotions, ni de sentiments, ni de conscience en l'état actuel des processeurs de nos ordinateurs. La détection des émotions, même très simplifiée par rapport à ce que sait détecter un humain, est utile pour comprendre les autres dans les interactions parlées. La simulation de sentiments par la machine va permettre aussi des interactions plus naturelles et agréables. Il est cependant judicieux que ces aspects affectifs ne soient pas développés pour n'importe quelle application, et que les futurs utilisateurs soient au courant des capacités de ces machines avant de les utiliser.

Un des leviers pour l'acceptation des robots est l'éducation : il est nécessaire d'expliquer les fonctions et les limites de ces machines sociales. Il faut préparer l'arrivée des robots également à l'école. Ces machines sont très opaques pour l'instant pour les non-technophiles, les enfants pourraient apprendre à construire des petits robots dès la maternelle. Il est important de comprendre également comment les utiliser dans la vie de tous les jours tout en étant conscients des projections d'intentions que nous faisons sur toutes les machines. Certains donnent des noms à leurs robots aspirateurs, et si le robot tombe en panne veulent qu'il soit réparé et non échangé contre un neuf car il connaît leur maison, preuve que l'humain projette une identité sur le robot.

Rappelez-vous ces jouets robotiques électroniques des années 2000, sorte de petites peluches interactives, appelées Furby. La capacité d'adaptation et la capacité de simulation affective existaient déjà de façon embryonnaire dans les Furby. Le Furby est une sorte de croisement entre un hibou et un Gremlin, créature imaginaire d'un film de science-fiction de 1984. Muni de capteurs permettant de détecter les sons, la lumière et de sentir si on le touche, il est doué de la faculté de s'adapter à son propriétaire. Il peut reconnaître quelques mots, et sa capacité de parler, d'émettre des sons en furbish, le langage des Fürby, augmente si l'on s'occupe de lui. Ces jouets interactifs sont toujours vendus en 2016, mais leurs capacités d'apprentissage sont toutefois très pauvres.

Le Tamagotchi, animal de compagnie virtuel japonais, cousin éloigné du Furby, était, lui, beaucoup moins avancé technologiquement, mais l'idée était excellente pour que les enfants jouent à ce jeu au milieu des années 1990. Le Tamagotchi essayait de créer une relation affective avec les enfants grâce au fait qu'il fallait s'occuper de lui tout le temps, le nourrir, le laver, le surveiller comme un petit animal. Nos enfants ont très vite été « accros » à ces petits écrans à l'époque de très mauvaise qualité, mais qui ont bien évolué. Le plus important était la responsabilité de la créature virtuelle : si on ne s'occupait plus d'elle, elle mourait. Cependant, pour les enfants, il était facile d'en faire renaître une autre !

Les robots sociaux de demain dans notre domicile seront-ils des grands cousins des Furby et Tamagotchi, vont-ils nous faire ce « chantage affectif » alors que ce ne sont que des machines ? Les Furby et Tamagotchi ne servaient qu'à amuser nos enfants, ils n'avaient pas d'autres utilités. Nos prochains robots seront-ils des robots animaux ou des humanoïdes ? Les robots de demain vont être capables de dialoguer avec nous, grâce à des systèmes plus sophistiqués que Siri ou Viv, une version plus avancée de Siri, ils seront censés nous assister, nous aider dans la vie de tous les jours. Préparez-vous à parler avec les robots !

Les questions souvent posées portent sur les limites de la capacité d'imitation sur machine, avec cette question fondamentale sous-jacente : Que restera-t-il de notre humanité? Va-t-on devenir des humains augmentés? Que se passera-t-il lorsque les machines nous connaîtront mieux que nous ne nous connaissons? Est-ce possible d'ailleurs? Ces questions en amènent d'autres : Que font les chercheurs pour concevoir ces robots? Comment tout cela est-il appréhendé par les spécialistes et non-spécialistes? L'homme est-il *Mis à nu*[1] car ses données seront enregistrées?

Deux attitudes extrêmes peuvent être imaginées dans la société à l'arrivée des premiers robots. D'un côté, le robot sera accepté comme l'a été la télévision dans les foyers, en se disant que les bienfaits dépassent largement les risques d'isolement et d'addiction. Il sera écrit sur la notice du robot : «Ce système n'est pas un jouet et devra être utilisé uniquement en présence d'adultes», mais certains adultes laisseront très vite leurs enfants les utiliser comme bon leur semble. De l'autre, un rejet total à cause du spectre du danger de l'intelligence artificielle sans vouloir comprendre que ces systèmes nous seront utiles. Une attitude plus nuancée serait de penser que la société apprendra petit à petit à utiliser ces machines si l'on sait préparer leur arrivée!

Une facette de l'utilisation des robots est leur présence dans nos vies de tous les jours. Ils seront doués de plus en plus d'autonomie et seront non spécifiques à une tâche. Les robots sociaux pourront nous aider, nous rendre des services quotidiennement pour notre bien-être et notre santé. L'encouragement aux patients pour prendre leurs médicaments et pour bien se nourrir,

1. M. Dugain et C. Labbé, *L'Homme nu*, Plon, 2016.

l'aide aux enfants autistes[1] pour entretenir des relations sociales avec les autres, la protection des personnes âgées face aux dangers de leur espace de vie, tout cela n'est qu'un petit échantillon de ce qu'ils pourraient faire pour les humains. Leur potentiel provient en partie de leur omniprésence, parce qu'ils seront physiquement présents dans notre monde réel et seront capables d'un grand nombre d'actions, contrairement à beaucoup d'autres dispositifs de santé.

Il faut garder en tête que le but des chercheurs en robotique sociale n'est pas de faire un double de l'homme, mais bien de créer une machine utile fonctionnant dans notre environnement, avec qui nous essaierons d'interagir naturellement.

Il y a pour l'instant peu de réflexion politique sur la place des robots sociaux dans notre société future. Nous nous préoccupons bien peu des bienfaits potentiels de ces robots et de l'immense marché que la robotique sociale va représenter dans peu de temps, ni des questions de relations avec les machines, ni des questions de piratage et de sécurité. La science-fiction, les alertes de scientifiques et également les ouvrages, tels que *Les robots font-ils l'amour?*[2], *Le jour où mon robot m'aimera*[3], sont des sources de réflexions sur l'avenir.

Nos actions, intentions, émotions sont déjà collectées en ligne sur Internet grâce à nos recherches, achats et sites sociaux. Nous serons de plus en plus enregistrés par des capteurs incorporés dans des objets autour de nous : de la montre au robot, comme nous venons

1. http://www.huffingtonpost.fr/ladislas...toldi/un-robot-educatif-pour-aider-les-enfants-autistes_b_7443280.html
2. L. Alexandre et J.-M. Besnier, *Les robots font-ils l'amour?*, Dunod, 2016.
3. S. Tisseron, *Le jour où mon robot m'aimera. Vers l'empathie artificielle*, Albin Michel, 2015.

de le montrer avec ces nouvelles applications décrites dans le précédent chapitre sur l'intelligence artificielle. Avez-vous envie que toutes vos données soient récupérées et diffusées à n'importe qui? Sous le prétexte fallacieux d'améliorer les modèles d'intelligence artificielle, sans d'ailleurs être forcément au courant, les industriels qui créent ces logiciels récupèrent nos données pour améliorer les modèles obtenus par apprentissage. Les algorithmes d'apprentissage intégrés dans ces objets vont apprendre beaucoup d'informations sur nous. Dans quelle mesure, par exemple, donner de plus en plus d'autonomie et de capacités d'apprentissage à une machine va limiter notre propre autonomie?

Un robot social est une entité artificielle située dans le monde réel qui transforme sa perception en action, de plus il écoute et parle aux êtres humains, il «se déplace» dans le même monde. Le terme vivre est inadéquat car il n'est pas une entité vivante. Afin d'éviter les confusions, les robots doivent être construits, commercialisés et considérés légalement comme des objets assistants de compagnie.

Les robots ont beaucoup évolué depuis les premiers robots de Karel Čapek, dans sa pièce de théâtre, en 1920. Ce sont des artefacts, des machines mécatroniques, alliant mécanique, électronique et informatique. La définition stricte de robot est de posséder des capteurs pour collecter des données, un processeur pour les analyser et des actionneurs qui permettent une action sur le monde physique.

Mais l'usage du terme «robot» prend souvent des sens plus larges qui ne correspondent pas à cette définition, incluant les bots (les robots sur Internet), agents conversationnels, et les objets connectés. Ce sont tous des programmes qui détectent nos réactions, s'adaptent à nous, et parfois même orientent nos choix à notre insu. Cela avec de plus en plus d'autonomie, et de plus en plus rapidement.

L'autonomie des robots est sa capacité à fonctionner indépendamment d'un opérateur ou d'un autre robot en exhibant des comportements «intelligents» dans des environnements complexes. «Les programmes régissant le comportement d'un dispositif autonome sont conçus pour interpréter les informations issues de ses capteurs, déterminer les actions les plus pertinentes en fonction de cette interprétation et de ses connaissances préalables, et calculer quand et avec quelles ressources ces actions seront effectuées[1].» Le robot aspirateur en est une bonne illustration : le système qui pilote le robot est en mesure de réagir aux obstacles qui peuplent nos habitations, de les contourner, de les mémoriser. Il sauvegarde le plan de l'appartement et peut le modifier en cas de besoin. Il retourne en fin de programme se connecter à son chargeur. Il doit donc se débrouiller face à l'environnement. Plus l'autonomie est grande, plus elle nécessite d'apprentissage. Un robot aspirateur ou tondeuse n'est évidemment pas un robot social, il ne fait que reconnaître les obstacles pour faire le ménage chez vous, et il ne s'adapte pas à l'humain. De même les robots tondeuses ne sont pas faits pour interagir avec nous.

Différents types de robots existent, il est intéressant de les classer en fonction de ces dimensions :

- *la programmation précâblée* est présente dans les robots des chaînes de montage qui n'ont

1. Cette définition est celle formulée dans l'avis «Ethique de la recherche en robotique» de la CERNA (2014), groupe d'experts dont je fais partie.

aucune possibilité de décision : ils sont proches d'automates,

- *la télé-opération* dans les robots chirurgicaux : ils ne décident pas de leurs actions. Le géminoïde d'Ishiguro est également télé-opéré par un humain,
- *l'apprentissage* est présent lorsqu'un robot peut s'adapter tout seul et apprendre la configuration de la pièce (robot aspirateur),
- *la faculté de dialoguer* est présente dans les robots sociaux Nao, Asimo, Pepper qui reconnaissent la parole et comprennent de plus en plus de concepts : ils peuvent ainsi répondre et dialoguer avec des humains,
- *l'incarnation dans notre monde* n'est pas le cas des bots et agents assistants qui n'existent que sur Internet. Les robots sociaux comme Nao, Asimo, Pepper, etc., eux, évoluent dans notre monde,
- *le design* est important : certains robots cherchent à reproduire des caractéristiques du vivant, voire à produire un effet de confusion : le géminoïde d'Ishiguro est à l'effigie de son créateur. D'autres reproduisent des caractéristiques du vivant en évitant trop de ressemblance : c'est le cas des humanoïdes comme Nao, Asimo, Pepper. Paro est un phoque ressemblant à une peluche,
- *l'application de la robotique* : industrielle et de service.

Les bots assistants ne sont pas incarnés, ils n'ont pas d'actions directes sur le monde physique. Les bots ne datent pas d'hier, à l'origine, ce sont des logiciels réalisant des tâches automatisées sur le Web, par exemple des abonnements automatisés, tchatter sur des sites de rencontres, répondre à un service après-vente. Les bots ont une interface qui permet divers dialogues entre un service et un consommateur, certains sont très simples, d'autres sont plus sophistiqués et s'appuient sur l'intelligence artificielle.

Les bots, assistants virtuels, agents conversationnels ou encore objets connectés, peuvent inclure de l'intelligence artificielle à tous niveaux, les plus avancés peuvent vous donner les nouvelles, vous commander une pizza et vous raconter une blague.

L'Internet des objets connectés (montre connectée, voiture connectée, etc.) représente les échanges d'informations et de données provenant de dispositifs présents dans le monde réel vers le réseau Internet. Ces services dérivent directement de l'énorme quantité de données produites par les objets connectés qui demandent espace de stockage, vitesse de traitement et souvent bande passante pour l'audio et/ou la vidéo. Les objets connectés embarquent plus ou moins d'intelligence artificielle, ils sont souvent non décisionnels et capturent juste les données. Les robots pourraient être considérés comme des objets connectés complexes puisqu'ils intègrent des dispositifs de perception et de décision, ainsi que des dispositifs mécaniques permettant de réaliser des actions dans notre environnement.

Ces robots ou voitures peuvent être munis d'une plus ou moins grande autonomie, et être également des acteurs sociaux : pouvoir parler, interagir, simuler des émotions.

D'un point de vue informatique, un robot social est une entité complexe qui peut être pilotée par plusieurs ordinateurs, et qui regroupe des fonctions correspondant à différents programmes :

- la perception de signaux physiques grâce à des caméras vidéo, thermiques, des microphones, ou

kinect (caméra qui capture le mouvement gestuel, facial, et la profondeur de champ),
- l'interprétation de ces signaux et la reconnaissance de la parole, des émotions, des images (visages, objets, lieux, etc.) dans le contexte de la tâche,
- le raisonnement et la prise de décisions à partir des informations perçues et reconnues, et également mémorisées,
- la génération d'actions que le robot exécute dans le monde physique,
- mais aussi à la génération de réponses orales grâce à la synthèse de la parole.

Ces robots sociaux sont cependant des objets d'une nature différente d'autres objets avec certaines particularités :

- le robot peut se substituer à l'homme dans des situations de surveillance, d'assistance et d'interaction sociale,
- il simule des caractéristiques du vivant : son aspect physique, son comportement en interaction (simulation de parole et d'émotions), ses actions (marche, prise d'objets) ou ses capacités de raisonnement et de décision (choix entre plusieurs comportements),
- enfin, il se déplace dans notre environnement réel.

Siri est une application informatique de commandes vocales. Développée par la société américaine Apple, Siri est un assistant personnel intelligent, elle a été présentée à la presse le 4 octobre 2011. Elle est disponible depuis l'iPhone 4S. «Dis Siri» déclenche votre assistant virtuel, une sorte de bon génie qui sort du smartphone. Ce logiciel marque la possibilité d'interroger le Web de manière presque aussi naturelle et intuitive qu'avec un ami ou un proche. La réponse à la requête sur Siri « Est-ce que je dois prendre un parapluie à Nice aujourd'hui ? » dépend vraiment du temps à Nice ! Il y a cependant encore peu de compréhension située, c'est-à-dire utilisant le contexte et le sens commun sur ces machines. Mais les dernières avancées en reconnaissance et compréhension de la parole ouvrent des perspectives énormes. Viv[1], une sorte de Siri 2.0, est censé comprendre le langage naturel et devenir « l'interface intelligente pour tout faire ». Le livre *Dis Siri*[2] « explore tous les paramètres : projection de sentiments ; dysfonctionnements fonctionnels permettant "d'humaniser" l'intelligence artificielle ; problématiques liées au genre selon le choix de la voix de Siri ; effets induits sur le langage ; instrumentalisation de Siri à des fins commerciales ; fantasmes et croyances techno-magiques… ». Les assistants personnels type Siri, Cortana[3], Google Now[4], Alexa[5] sont déjà ancrés dans notre quotidien, et ils seront de plus en plus utilisés. Facebook a créé un assistant personnel disponible dans l'application de messagerie Messenger. « M » entend concurrencer Siri, Cortana, Google Now, Alexa sur le terrain de l'intelligence artificielle.

Les assistants virtuels ont de nombreuses capacités :

- ils peuvent percevoir différents signaux : un texte tapé au clavier ou reconnaître la parole à partir du signal audio comme Siri, ou traiter des images ou vidéos,

1. www.lesechos.fr/10/05/2016/lesechos.fr/021917415127_viv--lassistant-personnel-qui-surpasse-siri.htm
2. N. Santolaria, *Dis Siri*, Anamosa, 2016.
3. Cortona : assistant personnel de Microsoft.
4. Google Now : assistant personnel Google.
5. Alexa : assistant personnel Amazon.

- ils peuvent juste répondre à des questions dans des domaines plus ou moins fermés (c'est le cas de la majorité des bots) ou dialoguer, c'est-à-dire gérer un historique du dialogue (peu de systèmes font actuellement du dialogue),
- ils peuvent être représentés par un agent artificiel conversationnel empathique sur un écran, par exemple un visage humain capable d'expressions émotionnelles ou un personnage type bande dessinée, ou n'être qu'une voix comme dans le film *HER*.

Ces systèmes complexes utilisent des modules d'intelligence artificielle pour gérer la perception de l'environnement, la reconnaissance de la parole, la capacité de dialoguer, de prendre des décisions... Interpréter les données signifie que des calculs sont effectués, sur la base de connaissances et de modèles préexistants, afin de produire de nouvelles connaissances qui ont un sens et sont pertinentes pour la prise de décision. Les décisions relatives à des actions déterminent, sur la base des connaissances élaborées et des connaissances préexistantes, quelles actions doivent être réalisées, à quel moment et avec quelles ressources.

En résumé, la robotique *dite sociale* implique des interactions avec son environnement, et notamment avec des humains. Un robot social est une machine artificiellement intelligente grâce à des modèles informatiques : il perçoit ce qui l'entoure, se déplace, a une mémoire à court et à plus long terme, peut apprendre, interagir et avoir une action directe sur notre environnement. Il est doué de la parole et de connaissances lui permettant d'interagir dans la vie de tous les jours avec des humains et, pourquoi pas, d'autres robots.

La robotique est traditionnellement divisée en deux segments, la robotique industrielle (les chaînes de montage chez Renault par exemple) et la robotique de service qui aura une capacité d'opération dans un environnement conçu pour l'homme, et qui sera en interaction avec l'homme (les robots sociaux). La robotique de service peut être à usage professionnel ou personnel. Depuis peu, la frontière entre robotique industrielle et robotique de service s'estompe avec le partage de nombreuses briques technologiques et l'émergence de la robotique collaborative aussi appelée cobotique. La robotique de service est un marché émergent au potentiel de croissance considérable, avec un marché estimé à 100 milliards d'euros en 2020 par la Commission européenne, un marché multiplié par 30 en dix ans.

Les robots les plus utilisés actuellement sont des robots non autonomes ou semi-autonomes télé-opérés. Les robots non autonomes, c'est-à-dire dirigés à distance par des opérateurs humains, opèrent déjà dans des secteurs industriels, domestiques et militaires, ainsi que dans le domaine de la santé.

Le célèbre robot chirurgical Da Vinci est un robot télé-opéré, une assistance à la chirurgie qui «n'a pas d'autonomie dans ses décisions». L'utilisation du Da Vinci par un chirurgien apporte plusieurs avantages : «Ses bras manipulateurs possèdent sept degrés de liberté, ce qui permet une plus grande aisance en chirurgie et une plus grande précision des gestes grâce à une filtration des tremblements. La visualisation en trois dimensions de l'espace corporel augmente l'aisance du chirurgien lors de l'intervention. Mais cet appareil est encore très cher, les opérations durent aussi plus longtemps. Le robot ne procure pas de sensation tactile au chirurgien lorsque les pinces touchent un organe, mais cette amélioration devrait exister bientôt[1].»

Maestro est un «bras» articulé terminé par une «main» multifonctions développé par le Commissariat à l'énergie atomique (CEA) pour intervenir dans le démantèlement des centrales nucléaires et pour pouvoir subir des expositions fortes à la radioactivité. Maestro est télé-opéré à distance. Ce robot était à Fukushima à la demande du ministère de l'Economie et de l'Industrie japonais (le METI). «Toutes les "articulations" de Maestro utilisent des moteurs hydrauliques asservis à des commandes informatiques encapsulées dans des enveloppes de titane "durci", c'est-à-dire résistant à une radioactivité de 10 000 grays (unité de dose radioactive absorbée, une exposition d'une demi-heure à moins de 1 gray provoque la mort d'un homme)», expliquait Didier Leterq, chef du département de technologie au CEA. Le titane a l'avantage de pouvoir être lavé de la radioactivité absorbée une fois sa tâche accomplie.

Les robots sociaux posent des questions de société, sur leur place et le fait qu'ils puissent nous remplacer... Peuvent-ils nous comprendre et nous mentir?

L'apparence des robots est également un sujet très important. On peut distinguer différents designs de robots sociaux; généralement on distingue s'ils sont humanoïdes, robots-animaux, ou s'ils ne sont pas ressemblants aux êtres vivants. Déjà présents en maison de retraite et à l'hôpital, les robots-animaux domestiques ont fait leurs preuves : les études rapportent un meilleur bien-être et ils auraient un impact positif sur la santé des personnes.

1. https://fr.wikipedia.org/wiki/Da_Vinci_(chirurgie)

Il ne s'agit pas de remplacer des animaux domestiques par des robots, ni de dire qu'un robot serait plus intelligent qu'un animal. Nos chats et chiens sont très surprenants, nous les sous-estimons souvent[1]. Les animaux s'adaptent à nos habitudes, ont pour certains une conscience d'eux et des autres[2], il est fréquent d'entendre « il n'est pas comme les autres », mais ce qui est unique c'est l'histoire que l'on crée avec son animal et tout ce que chacun sait de l'autre. Les robots-animaux ne font qu'imiter très simplement quelques comportements affectifs des animaux, mais nous serons également capables de vivre une histoire avec eux.

En Occident, nous pensons qu'il est souhaitable que la frontière soit claire entre le vivant et l'inanimé, ce qui n'est pas forcément le cas dans toutes les cultures. Les Japonais sont plus détachés que nous des robots, pour beaucoup ce sont des gadgets très amusants et à la mode.

Au Japon, les géminoïdes, clones d'êtres vivants, ne posent pas vraiment de problème philosophique. De la même façon, le marché des robots sexuels, sortes de poupées sexuelles qui seront bientôt douées de réactions, se développe dans ce pays. Il y a également des points de vue divergents autour des robots sexuels, avec des associations qui y sont complètement opposées. Un collectif de scientifiques anglais a lancé une campagne en 2015 contre le développement de robots sexuels, accusés de renforcer une représentation faussée des femmes et d'encourager la prostitution. Le *H+ Magazine* raconte la vision de deux chercheurs de Nouvelle-Zélande sur le sujet. Les chercheurs ont en

1. A. Horowitz, *Dans la peau d'un chien*, Flammarion, 2009.
2. G. Chapoutier, « La douleur : des animaux à l'homme », *in* T. Auffret Van der Kemp, J.-C. Nouët (dir.), *Homme et animal : de la douleur à la cruauté*, L'Harmattan, 2008, p. 25 38.

effet développé une théorie futuriste : «En 2050, le quartier chaud d'Amsterdam sera l'affaire de prostituées robotisées, qui n'auront pas d'infections sexuellement transmissibles et qui ne seront pas des travailleuses clandestines de l'Europe de l'Est réduites à l'esclavage. Le conseil municipal aura un contrôle direct sur les travailleuses du sexe en contrôlant les prix, les heures d'ouverture et les services sexuels[1].» On peut imaginer également des robots sexuels masculins et féminins utiles pour remplacer le tourisme sexuel en Indonésie.

Il existe beaucoup d'autres initiatives robotiques développées aux quatre coins du monde, ce chapitre n'est évidemment pas exhaustif.

Mais les robots sociaux autonomes comme LILY, capables d'apprendre tout seuls, sont encore très rares! Ce seront nos *compagnons artificiels dans la société de demain.*

L'humain peut se mettre à préférer des robots prévisibles à des humains imprévisibles. De la même façon que le téléphone mobile et Internet nous ont rendus moins tolérants à l'attente, la compagnie des robots pourrait nous rendre moins tolérants aux humains qui ne sont pas toujours aussi patients et de bonne humeur que les robots.

Il est donc important de réfléchir aux perspectives actuelles et à l'avenir. Comme le répétait Asimov, nous ne créons pas n'importe quelle machine, nous créons une machine qui imite l'homme pour certaines tâches spécifiques!

1. *H+ Magazine*, n° 3, avril-mai 2016.

2

La robotique sociale au service de l'humain

« La forme humaine est, dans toute la nature, celle qui donne le meilleur rendement. Si vous désirez construire un être mécanique, capable d'accomplir un très grand nombre de mouvements, de gestes et d'actes, sans se tromper, vous ne pouvez faire mieux qu'imiter la forme humaine. »

Isaac Asimov, *Le Cycle des robots*, t. III : *Les Cavernes d'acier.*

Le potentiel de la robotique est celui d'étendre nos propres capacités pour répondre à nos objectifs.

La robotique au service de l'humain permet de nombreuses applications bénéfiques : stimulation de la mémoire, assistance lors de maladies somatiques, stimulation cognitive, compagnon confident pour éviter l'isolement, etc.

Dans dix ans, nous aurons des robots sociaux autour de nous pour différents types d'application : santé, bien-être, mais aussi éducation, tourisme, etc. Ces robots ne seront pas forcément très intelligents, ils seront sans doute adaptés à certaines tâches.

« La forme humaine est, dans toute la nature, celle qui donne le meilleur rendement, vous ne pouvez faire mieux qu'imiter la forme humaine », disait Asimov. Mais il n'est pas nécessaire forcément d'avoir pour toutes les tâches des formes humanoïdes !

Longtemps, les chercheurs, sous l'influence de Masahiro Mori et de son « *uncanny valley* » (vallée dérangeante, ou vallée de l'étrange), 1970, ont cru qu'un R2-D2 ou un C-3PO, personnages emblématiques de la saga cinématographique *Star Wars*, donnerait plus confiance aux utilisateurs. Le concept de la vallée de l'étrange remonte aux débuts de la robotique et reste controversé. La vallée de l'étrange n'est pas une théorie, plutôt un ensemble d'expériences. Mais les chercheurs ont depuis viré de bord. Car rien ne vaut un humanoïde pour susciter l'empathie artificielle : entre un robot meuble, un robot métallique et un robot humanoïde, la préférence des personnes va à celui qui est le plus proche de l'humain, il est surtout celui que l'on pense le plus efficace. Le robot identifie les émotions d'un humain en se basant sur des indices expressifs de l'humain et le contexte, et il répond par des mimiques, des intonations et des attitudes adaptées, voire par des réponses langagières que l'humain interprète facilement lorsque le robot est un humanoïde.

En Europe et aux Etats-Unis, on préfère fabriquer des robots qui ressemblent à des robots qui ne sont jamais confondus avec des humains. Les roboticiens tiennent désormais compte du phénomène de la vallée dérangeante : « On s'est rendu compte qu'une prothèse qui ressemblait à une main de robot était beaucoup mieux acceptée par les patients et par leur entourage qu'une main réaliste, car elle était identifiée clairement comme une prothèse et non comme une main qui aurait un défaut», explique Jean-Louis Vercher[1].

Construire des robots humanoïdes sociaux nécessite de se confronter aux questions éthiques fondamentales fondées sur l'influence réciproque et les principes éthiques : l'autonomie, la bienveillance, la non-malfaisance et la justice. Il doit se créer entre le robot et un patient une relation de confiance.

Les robots pourraient être aussi un moyen de faciliter les interactions humain-humain, comme les robots sociaux actuels. Les technologies telles que la télévision et les jeux informatiques interactifs ont augmenté le divertissement individuel et diminué les interactions interpersonnelles. Mais avec l'apparition d'Internet, le réseautage social s'est démultiplié. Ce dernier existe depuis que les hommes vivent en société. Des groupes sociaux, organisés autour de sujets comme les études, le recrutement, les divertissements, les rencontres, la religion forment un type de réseautage professionnel, institutionnel ou «de loisir», payant ou gratuit. On y trouve des agences de rencontres, des agences de chasseurs de tête, etc. Les robots pourraient éviter l'isolement et mettre en contact des personnes.

Il faut cependant aussi considérer avec importance les dérives de l'addiction à ces machines. La place du virtuel dans notre vie et dans la conscience de nous-même n'est pas si simple. Notre propre identité peut-elle habiter des entités virtuelles, comment allons-nous juger cette machine capable d'apprendre de nous et répondant toujours à nos demandes ? Comment allons-nous

1. J.-L. Vercher, Institut des Sciences du Mouvement, CNRS, Aix-Marseille. https://lejournal.CNRS.fr/articles/petit-detour-par-la-vallee-deletrange

réagir à l'empathie artificielle[1]? De nombreux travaux sont en cours sur la robotique, en psychanalyse par exemple[2]. Il est clair que certaines personnes sont socialement isolées. Il a été depuis longtemps démontré que les personnes âgées isolées ont besoin d'empathie, apprécient les compagnons sociaux non humains, en particulier les chiens[3]; les assistants humains ne sont pas toujours disponibles et n'apportent pas non plus la même chose. Le robot peut faire office d'assistant surveillant, ce que ne peut pas faire l'animal de compagnie qui apporte principalement de l'affection.

Un robot exprimant de l'empathie peut servir à expliquer, à éduquer, à rassurer les personnes avec lesquelles la machine interagit. Par exemple, je pense à la stimulation cognitive des personnes âgées atteintes de maladies telles que la maladie d'Alzheimer. Un robot peut réagir avec des comportements pseudo-affectifs. Le malade va alors jouer avec le robot comme si c'était un animal de compagnie, ce qui le stimule du point de vue émotionnel et crée un lien social. De même, les robots peuvent aider des enfants autistes qui ont du mal à exprimer leurs émotions ou à comprendre les émotions des autres, comme on l'a vu dans le premier chapitre. En d'autres termes, être émotionnellement engagé avec un robot peut dans certains cas être bénéfique, à la fois pour l'individu et pour la société.

Certains envisagent aussi d'utiliser des « robots sexuels » pour soigner des pathologies sexuelles graves.

---

1. S. Tisseron, *Le jour où mon robot m'aimera*, *op. cit.*
2. F. Tordo, *Le Numérique et la Robotique en psychanalyse*, L'Harmattan, 2016.
3. J. M. Siegel, « Stressful life events and use of physician services among the elderly : The moderating role of pet ownership », *Journal of Personality and Social Psychology®*, 1990.

La sexualité est possible avec des machines comme les sextoys. Pour satisfaire des pulsions déviantes presque maladives, la machine fera l'affaire. De là à dire que le robot sexuel pourrait devenir un partenaire idéal, il y a un monde, à moins d'être peu créatif dans sa vie sexuelle ! Les poupées sexuelles avec une intelligence artificielle seront pour l'instant assez peu élaborées. On peut imaginer des positions standard, des cris préenregistrés et une panoplie de scénarios sur catalogue ! De quoi satisfaire des pulsions primaires ! Des chercheurs néo-zélandais imaginent également que des robots puissent remplacer les prostituées à l'horizon 2050, éliminant ainsi la marchandisation des corps et réduisant les risques de transmission de maladies. Des embryons de preuves montrent par exemple que l'accès à Internet est directement corrélé avec des diminutions significatives d'agression sexuelle. En 2006, une publication d'Anthony D'Amato expliquait que l'incidence du viol aux Etats-Unis avait diminué de 85 % au cours des vingt-cinq dernières années, tandis que l'accès à la pornographie était devenu disponible gratuitement pour les adolescents et les adultes[1].

Il est important de comprendre que les robots sociaux auront de l'influence sur nous. Je parle souvent de coévolution humain-machine. Ils peuvent manipuler les personnes qui conversent avec eux. Ils peuvent également communiquer ce qu'ils ont appris à d'autres – directement ou indirectement, par le biais de bases de données partagées. Ils peuvent même détruire de l'information, y compris les opinions humaines. Ils ont la capacité d'utiliser Internet pour acheter, discuter, mais aussi ils peuvent avoir un impact

1. A. D'amato, *Porn Up, Rape Down*, Northwestern University, 2006.

physique direct sur le monde : casser ou créer. Plus important encore, ils peuvent pousser les humains à prendre des décisions appropriées ou inappropriées. Il faut donc se munir de garde-fous. La plupart des chercheurs sont d'accord avec l'idée de rendre l'intelligence artificielle et la robotique morales et éthiques.

Il n'existe pas pour l'instant de machines morales, mais les robots incarnés arrivent tout juste dans notre quotidien, nous ne les voyons pas encore beaucoup mais il est nécessaire de s'en occuper maintenant. Les robots assistants, compagnons sociaux, ne sont pas asservis à un but particulier mais peuvent avoir des fonctions très différentes (thérapeutique, sexuelle, de confident) et nécessitent une assez grande autonomie.

Ils sont déjà actuellement réceptionnistes ou ils accompagnent les clients dans des boutiques, dans le but d'enquêter sur leur satisfaction, ils sont là pour divertir les enfants ou encore les renseigner sur la carte de fidélité[1] du magasin. Ils seront robots assistants à l'hôpital, à l'école... Les fonctions des robots assistants de santé seront avant tout de transmettre nos données de santé et de comportement aux médecins. A l'école, ils pourront servir de répétiteurs pour les enfants en difficulté. Pour la plupart, ils ont des caractéristiques humanoïdes.

Les robots Nao, Pepper, Romeo de la société SoftBank sont des robots sociaux[2]. Ils sont doués d'interaction verbale avec les humains. Nao et Pepper sont déjà utilisés au Japon, aux Etats-Unis et en Europe, notamment en France. A l'origine, la société qui a construit les

1. http://www.lefigaro.fr/secteur/high-tech/2015/10/21/32001-20151021ARTFIG00110-pepper-le-robot-humanoide-sommelier-et-conseiller-culinaire.php

2. R. Gelin, *Le Robot, meilleur ami de l'homme?*, Le Pommier, 2015.

trois robots était française, Aldebaran Robotics, et fut fondée en 2005. En dix ans, Aldebaran Robotics est devenue le leader mondial de la robotique humanoïde. Les principaux utilisateurs de ces robots étaient jusqu'à maintenant les chercheurs, mais ils sont aussi vendus pour l'éducation, la distribution, le tourisme, le divertissement ou la santé. Les robots Nao et Pepper sont utilisés dans plus de soixante-dix pays. Aldebaran Robotics est maintenant une société du groupe SoftBank. La mise à disposition internationale des robots Pepper et Nao pour les particuliers se fait de manière très progressive. SoftBank Robotics Europe est à Paris, son siège principal est à Tokyo, deux autres centres robotiques ont été développés : l'un à San Francisco aux Etats-Unis, l'autre à Shanghai en Chine.

Nao est le premier-né de SoftBank. C'est un petit robot humanoïde[1] sympathique de 60 centimètres. Il a fait ses premières apparitions dans les écoles. Après avoir placé ses robots dans l'éducation, ils sont déployés dans la grande distribution. Nao fait de premières expériences chez Darty en 2014.

En 2015, Pepper, le deuxième-né de la société, travaille dans les magasins Nespresso au Japon et dans certaines grandes surfaces comme Carrefour en France en Seine-et-Marne, on l'a vu. Il renseigne et s'intéresse à la satisfaction des clients. Nestlé, au Japon, a recruté également un millier de ces robots[2]. Pepper mesure 1,20 mètre, a une tête sympathique, tutoie facilement, et détecte les sourires sur les visages. C'est un humanoïde à roulettes dont le ventre est constitué d'une tablette tactile. Il est capable de dialoguer avec les

1. Un humanoïde est un robot simulant des fonctions humaines.
2. http://www.lefigaro.fr/societes/2014/10/29/20005-20141029ARTFIG00354-nestle-recrute-un-millier-de-robots-pepper-au-japon.php

clients, de répondre à quelques questions et d'expliquer les avantages de tel ou tel produit en fonction de leurs goûts. Une expérimentation avec Pepper qui renseigne les voyageurs, une première mondiale dans le domaine des transports publics, a été également menée en 2016 à l'initiative de la SNCF dans trois gares des Pays de la Loire (Les Sables-d'Olonne, Saumur et Nort-sur-Erdre) pendant trois mois[1]. «En France, leur montée en puissance détruirait trois millions d'emplois d'ici à 2025», annoncent les médias. Il est encore difficile de savoir quel impact auront les robots sur le marché du travail en France. Les premiers robots sociaux arrivent dans la grande distribution. Nous allons commencer à nous habituer à eux. Le marché suivant est celui des robots personnels à domicile. Les robots parleront les langues les plus parlées au monde. Les Nao et Pepper connaissent dix-huit langues en plus de l'anglais. Romeo est un robot de plus grande taille, 1,40 m, capable de marcher. Ce robot beaucoup plus cher est principalement dédié à la recherche.

Le robot BUDDY[2] est un assistant personnel qui surveille votre maison et vous alerte en cas de problème. Il se déplace grâce à des roulettes et peut avoir des bras en option. Il vous propose des recettes de cuisine, des vidéos et joue de la musique. Il rappelle les événements dans votre agenda ou encore se connecte à vos objets connectés. Buddy est un compagnon de jeu, il permet aussi de rester en contact avec ses proches. Buddy devrait être commercialisé en 2017 pour moins de mille euros.

RoBoHoN[3], dont le nom est issu de la contraction entre «Robot» et «Phone», est un petit robot humanoïde

1. http://www.20minutes.fr/nantes/1747683-20151210-sncf-robot-humanoide-renseigner-voyageurs-pays-loire
2. http://www.bluefrogrobotics.com/fr/buddy-fr
3. RoBoHoN, Sharp (entreprise).

d'environ 20 centimètres de haut et pesant 390 grammes, capable de parler, de se déplacer en marchant et même de téléphoner. Il débarquera sur les étals japonais le 26 mai 2017 pour un tarif d'environ 1 800 euros. C'est un téléphone robot qui tient dans la poche, on l'emmène partout, il a de nombreuses autres fonctions : il projette des photos sur le mur, ou par terre, il fait office de gestionnaire d'agenda, il peut surveiller... Sharp ne mise pas tout sur l'aspect *kawaï*, « mignon », de sa création pour séduire les foules. Il mise avant tout sur un gadget miniature très avancé. Il sera lancé uniquement au Japon pour le moment.

Jibo[1], né des travaux du MIT (Massachusetts Institute of Technology) aux Etats-Unis, est un robot familial, un peu à l'image d'Amazon d'Echo sorti il y a quelques mois, avec une dimension sociale qui manquait à Echo. Cependant, il ne se déplace pas et n'a pas de bras. Sur un petit écran, un visage très stylisé est affiché. Son prix annoncé est de 749 dollars. Il peut répondre à de nombreuses demandes : lire à voix haute les messages, courriels ou SMS, reconnaître les gens grâce à la détection faciale, déclencher son appareil photo intégré, prendre des commandes à distance pour piloter la maison, servir de caméra de surveillance en cas d'absence... Il sera un compagnon pour raconter des histoires, avec les images animées qui apparaissent sur l'écran tactile intégré, ou répondre à des questions, comme le fait le logiciel Siri d'Apple. Aux seniors, il rappellera de prendre leurs médicaments, voire même veillera sur eux et préviendra la famille en cas d'accident, tout en assurant une compagnie, souvent cruciale. Il est, d'après ses constructeurs, « un "R2-D2" familial : un assistant et compagnon de 30 centimètres de haut ».

1. https://www.jibo.com

Kenshiro[1], le robot japonais fait «de muscles et d'os», est le robot qui, à ce jour, possède une structure interne se rapprochant le plus de celle d'un être humain.

Reste que les robots humanoïdes ne sont pas encore vraiment au point (intelligence artificielle, motricité) et demeurent très loin des robots aux cerveaux positroniques imaginés par Isaac Asimov... Je ne vais pas lister tous les robots sociaux existants, il y en a de plus en plus : Alpha 1S[2], un humanoïde d'initiation, Leenby[3] de Cybedroid, Otto[4], un prototype de robot personnel créé par Samsung, Floka[5], l'humanoïde de compagnie de l'université de Bielefeld, Allemagne, ou encore AnBot[6], le robot anti-émeute en Chine.

L'humain est à la source de tout : il construit des machines de plus en plus intelligentes qui sont capables d'imitation et d'apprentissage, et il doit se poser un grand nombre de questions sur ses créations.

Il doit construire des machines en pensant à les contrôler :

- qu'apprendront-elles de nous ?
- seront-elles loyales, respectueuses de règles sociales ?
- seront-elles capables de se taire si nous leur livrons un secret ?
- seront-elles capables de respecter notre intimité ?
- seront-elles capables d'oublier nos données lorsque nous mourrons ?

1. http://www.bfmtv.com/planete/kenshiro-robot-japonais-fait-de-muscles-dos-404694.html
2. http://www.20minutes.fr/high-tech/1840207-20160505-alpha-1s-jouet-forme-robot-humanoide-fait
3. http://solutions.silvereco.fr/produit/leenby-robot-cree-par-cybedroid-derniere-generation-de-la-societe
4. https://humanoides.fr/samsung-presente-otto-son-prototype-de-robot-assistant-personnel
5. https://humanoides.fr/floka-humanoide-social-citec-bielefeld
6. http://www.20minutes.fr/high-tech/1835379-20160427-chine-devoile-anbot-premier-robot-anti-terroriste-anti-emeute

- les machines auront-elles le droit de nous mentir?
- auront-elles le droit de prétendre avoir des sentiments?
- y aura-t-il toujours un contrôle possible ou allons-nous vers des machines de plus en plus autonomes qu'il sera difficile de contrôler? Comment organiser ces contrôles?
- comment les machines vont-elles pouvoir expliquer ce qu'elles font?
- est-ce que nous leur ferons trop confiance?

L'évaluation d'une machine suppose l'établissement préalable de normes admises et partagées par l'ensemble des groupes concernés, comme les normes ISO (Organisation internationale de normalisation). Elle permet de valider le bon fonctionnement d'une machine, d'en comparer les performances avec d'autres et de suivre leur évolution durant son cycle de vie, par exemple par des contrôles techniques périodiques.

Avant sa mise en circulation, un véhicule doit «passer aux mines», c'est-à-dire obtenir une autorisation de circuler. De même qu'un médicament doit obtenir une autorisation de mise sur le marché avant d'être distribué.

On pourrait imaginer la même chose pour les robots. Mais une telle autorisation préalable semble insuffisante quand les systèmes deviennent adaptatifs, et si l'on peut les entraîner à adopter des comportements très variés. Le traçage du système est alors fondamental, et il paraît souhaitable, pour les systèmes munis d'un module d'apprentissage continu, de remplacer un contrôle préalable par un contrôle régulier, tout au long de l'exploitation du système. Le traçage est l'enregistrement de données relatives à l'historique et à l'état d'un dispositif. C'est la fonction des boîtes noires des avions.

3

L'interaction humain-robot et l'empathie

> « Bien que nous ne voulions pas anticiper les besoins, il n'est pas du tout inconcevable que nous puissions fabriquer des abeilles-robots qui serviront à fertiliser certaines plantes, ou des vers de terre-robots qui serviront à mélanger la terre. Tout ce que vous voudrez... »
>
> Isaac Asimov, *L'Homme bicentenaire*.

« Vivre avec les robots peut être l'occasion d'un avenir meilleur », non pas « économiquement plus riche, mais moralement et humainement »[1], affirment les philosophes Dumouchel et Damiano. L'avenir sera plus riche car plus ouvert à la « diversité des esprits ». La robotique sociale nous révèle qu'on ne pense pas, qu'on ne ressent pas de la même manière depuis un organisme ou depuis une machine.

Nous vivons le début de la robolution, une sorte de révolution de la robotique. Les robots affectifs et sociaux ne laissent personne indifférent. Mais comment allons-nous leur parler? Que comprendront-ils

1. P. Dumouchel et L. Damiano, *Vivre avec les robots : essai sur l'empathie artificielle*, Le Seuil, 2016.

vraiment, seront-ils très présents ? Pourront-ils être des compagnons empathiques ?

En laboratoire, on explore le champ des possibles : les robots sociaux et affectifs sont un domaine de recherche très actif depuis les années 2000. L'étude et le développement de stratégies d'interaction sociale et émotionnelle constituent un point clé de leur insertion dans la société. Ces dernières années, beaucoup de recherches se sont intéressées à la communication homme-robot en exploitant les expressions vocales, faciales, posturales ou encore tactiles.

Les assistants vocaux, pour l'instant, n'ont pour la plupart que peu ou pas de mémoire, et ils ne dialoguent pas. Ils répondent à des questions en se connectant sur Internet. Un agent conversationnel (ou chatbot) est un agent qui dialogue avec un utilisateur. Le premier système capable de dialoguer avec les humains s'appelait ELIZA[1]. Il a fasciné pendant longtemps un grand nombre de chercheurs. Les questions posées étaient entrées au clavier, la reconnaissance de la parole n'étant pas encore assez avancée. Ce programme informatique très précurseur, développé par Joseph Weizenbaum dans les années 1964-1966 au MIT, simulait un entretien avec un thérapeute rogérien[2], une thérapie axée sur la répétition et sur l'empathie artificielle qui crée une illusion de réciprocité. ELIZA pouvait répondre : « Je comprends tout à fait votre émotion », alors que cela est évidemment faux ! Souvent, des personnes ignorant les limites du programme ELIZA l'ont pris pour un robot intelligent, au point de lui confier réellement leurs

---

1. J. Weizenbaum, « ELIZA–A Computer Program For the Study of Natural Language Communication Between Man and Machine », *Communication of the ACM*, vol. 9, 1966.

2. G. Odier, *Carl Rogers. Etre vraiment soi-même : l'approche centrée sur la personne*, Eyrolles, 2012.

problèmes personnels ! Depuis ELIZA, les systèmes de traitement des langues naturelles ont fait énormément de progrès. Mais la compréhension du sens et l'interprétation en contexte de la vie de tous les jours sont toujours des défis de recherche. Le traitement d'une grande base de données linguistiques nous permet de modéliser les formes de surface, mais pas forcément toute la complexité du sens.

Au début, les ordinateurs ne parlaient que la langue machine, et l'humain était obligé de s'adapter pour interagir avec lui, ou devait utiliser des interfaces graphiques et taper les questions au clavier. Depuis les années 2010, le contrôle du geste et de la voix est devenu possible. Les ordinateurs vont donc parler notre langue, peut-être pas parfaitement, mais suffisamment pour mener des dialogues.

Nous pouvons imaginer qu'il y aura plusieurs robots par foyer et qu'ils auront des fonctions différentes. Certains sauront parler avec nous, d'autres plus utilitaires ne seront pas munis de la capacité de dialoguer. Au début, ils auront sans doute peu de capacités, puis ils deviendront des machines de plus en plus sophistiquées.

La communication dite sociale entre un humain et un robot (ou un agent conversationnel) est un axe de recherche important avec plusieurs défis à relever. Nous allons plus particulièrement aborder les interactions parlées avec les machines et le dialogue, dans ce chapitre.

La recherche sur les interfaces homme-machine est toujours influencée par la compétition sur le test de Turing : donner l'illusion qu'un programme pense grâce à un dialogue cohérent. Il y a de plus en plus d'applications d'agents conversationnels sur Internet pour le support client et le télémarketing. Cependant, ces systèmes, même s'ils insèrent quelques règles sociales de courtoisie, sont dédiés à des tâches précises et sont incapables de répondre en dehors du champ sémantique prévu (vente d'un produit particulier, support client d'une entreprise particulière) ni de déroger à la succession des états de l'automate qui gère le dialogue. Pour faire simple, le système suit des questions préétablies et ne peut pas répondre à n'importe quelle question de l'utilisateur. On parle alors de dialogue dirigé par le système.

L'équipe que j'anime au LIMSI[1]-CNRS a pour thème « Dimensions affectives et sociales dans les interactions parlées ». Nous menons des travaux pluridisciplinaires sur les interactions émotionnelles avec les robots et travaillons avec la modélisation du dialogue à partir d'indices linguistiques (ce qui est dit avec des mots) et paralinguistiques (ce qui accompagne les mots – le ton, le rythme, l'énergie dans la voix mais aussi les mimiques ou les gestes).

Au LIMSI, nous travaillons également sur une modélisation d'un certain humour machine[2]. Parce que la plupart d'entre nous préféreraient partir en vacances avec l'espiègle R2-D2 plutôt qu'avec l'obséquieux C-3PO, nous tentons désormais de donner le sens de l'humour et de l'empathie à nos machines. Etablir une relation affective avec celles-ci n'est plus seulement un rêve d'auteur de science-fiction, mais bien une thématique émergente pour de nombreuses équipes de recherche. Un robot est une machine artificiellement intelligente grâce à des modèles informatiques conçus par des humains : pour peu qu'on l'ait programmée

1. Laboratoire d'informatique pour la mécanique et les sciences de l'ingénieur.
2. https://lejournal.cnrs.fr/billets/rire-avec-les-robots-pour-mieux-vivre-avec

pour détecter et reconnaître des indices émotionnels et conversationnels, et pour s'adapter à l'humain, voire même faire de l'humour, cette machine peut sembler chaleureuse. Notre défi consiste ni plus ni moins à créer une empathie et un humour propres aux machines.

L'empathie artificielle des robots interagissant avec nous amène un nouveau champ de recherche sur la coévolution entre humain et machine. Peu importe que le robot soit une machine qui simule, si elle sait s'adapter à nous, nous comprendre d'une certaine manière, nous créerons une intimité avec elle. Nos relations avec ces machines seront, certes, différentes de celles avec les humains, ou encore de celles avec nos animaux domestiques. C'est ce champ qu'il faut étudier. Il faut garder en tête que le but des chercheurs en robotique sociale n'est pas de créer un double de l'humain mais de créer une machine utile fonctionnant dans notre environnement avec qui on essaiera d'interagir en dialoguant quasiment naturellement.

Mais qu'est-ce que l'empathie ? L'empathie ne doit pas être confondue avec la sympathie ou la compassion. L'empathie est une réponse émotionnelle à une situation bien particulière. C'est une sorte de projection d'une personne dans la situation de l'autre pour partager son vécu, essayer de se mettre à sa place. L'empathie est un trait de personnalité qui est de pouvoir ressentir une émotion appropriée en réponse à celle exprimée par l'autre, et de bien distinguer l'émotion de l'autre (votre ami pleure de souffrance) et votre émotion (vous avez mal pour lui, pour autant vous ne sentez pas de souffrance physique). En étant empathique, on comprend fondamentalement ce que ressent l'autre. La sympathie est un sentiment différent. Une personne paraît « sympathique » lorsqu'elle partage les mêmes sentiments que nous. La compassion est aussi un terme proche d'empathie, c'est le sentiment qui nous porte à ressentir la souffrance d'autrui et nous pousse à y remédier.

Un agent conversationnel est un système complexe intégrant de nombreux modules qui envoient des événements à une unité qui prend des décisions. La chaîne de traitement comporte des technologies de perception et d'interprétation, de raisonnement et de décision, ainsi que de mémorisation d'informations, et enfin de génération d'actions et de parole grâce à un module de synthèse expressive.

Le robot peut percevoir grâce à ces capteurs la parole, les gestes et les mimiques. Il a des modèles qui lui permettent d'interpréter les informations capturées, d'en tirer un sens et de répondre de façon empathique ou drôle.

Voici quelques-uns des défis de recherche sur les agents conversationnels intégrés dans les robots sociaux, pour certains ils sont particuliers aux robots, pour d'autres ils sont génériques aux agents conversationnels :

- le dialogue avec un robot qui est physiquement auprès de vous est par essence multimodal : le robot peut demander « C'est quoi ceci ? » en pointant un objet ou vous lui dire « Pose ça là ! »,
- l'interprétation de vos paroles (traitement linguistique) et de la façon dont vous parlez (traitement paralinguistique), vos gestes et mimiques dans le contexte du dialogue, de la situation et de la tâche dépend de votre personnalité et de votre culture. La paralinguistique définit tout qui est relatif au paralangage, employée seule ou pour compléter le langage dans le timbre, le rythme, l'énergie de la voix, dans les gestes et les mimiques. C'est un

défi de recherche actuel de prendre en compte les canaux linguistique et paralinguistique pour la compréhension des intentions du sujet, la prise de décision d'actions par le robot et le choix de réponses dans le dialogue,
- le fait de pouvoir répondre dans un domaine ouvert, c'est-à-dire sans contrainte de tâche, est également un défi. L'agent peut parler de n'importe quel sujet,
- la génération de phrases empathiques au bon moment dans le dialogue est également un sujet de pointe,
- les mesures d'engagement dans le dialogue et de confiance des utilisateurs sont des facteurs quantitatifs et qualitatifs qui permettent d'évaluer les performances des systèmes,
- l'adaptation du système en ligne en fonction du sujet, comme personnaliser l'agent, lui apprendre de nouveaux objets et concepts.

Les disciplines scientifiques mises en œuvre pour modéliser le dialogue sont nombreuses : de l'analyse du signal vocal ou vidéo à la paralinguistique, la linguistique ou encore l'apprentissage machine. Nous en détaillerons quelques-unes. La reconnaissance de la parole, des visages, des émotions, par exemple, font intervenir l'analyse du signal, la paralinguistique, la linguistique et l'apprentissage machine.

L'analyse du signal est la première brique. Prenons l'exemple de la reconnaissance vocale. On enregistre le son *via* un ou plusieurs microphones. Après filtrage, nous traitons un flux audio. Le signal est numérisé et réduit par une transformation fréquentielle. Sans complexifier plus, on représente les sons par des successions de vecteurs de paramètres correspondant à des amplitudes dans différentes bandes de fréquences ; en général chaque vecteur contient peu de paramètres, il convient de ne garder que les paramètres liés au contenu verbal et d'éliminer ceux liés à la façon de parler de la personne. Cette représentation nous sert ensuite à reconnaître les phonèmes, puis les mots qui sont formés d'une succession de phonèmes, puis les phrases qui sont une succession de mots.

Pour ce faire, on crée des modèles de phonèmes et un modèle de langage par des méthodes d'apprentissage sur de très grands corpus. Plus on a de données, plus les performances seront bonnes. Un lexique est également nécessaire, il contient les formes phonétiques (comment le mot est dit) et les formes écrites. Il peut y avoir plusieurs formes phonétiques pour un seul mot, par exemple pour prendre en compte plusieurs prononciations régionales du même mot, et à l'inverse plusieurs formes graphémiques pour un seul mot phonétique : *mer, maire*, par exemple. Les algorithmes d'apprentissage les plus performants, si on a énormément de données, sont les approches de type apprentissage profond, *deep learning* – nous détaillerons les concepts principaux de cette approche un peu plus loin. La phase de décodage est également compliquée car il faut trouver la ou les meilleures phrases, solutions en temps quasi réel, c'est-à-dire sans forcément connaître la fin de la phrase.

Faire des machines affectives douées d'humour avec lesquelles on ne s'ennuierait pas, qui nous feraient rire et nous consoleraient peut paraître un but très étrange.

Effectivement, nous sommes faits de carbone et les processeurs de silicium. Nous ne sommes pas dans le film *Ex Machina* ! N'oublions pas : même si le robot a des états internes émotionnels, ce n'est qu'un codage, il ne ressent rien. Les émotions sont par essence physiologiques, ressenties au plus profond de notre être, alors comment peut-on les détecter et les simuler?

Pour la détection, comme nous l'avons dit, le robot ne peut interpréter que ce qu'il voit, c'est-à-dire les signes expressifs et non le sens profond. Pour la simulation, on se sert d'exemples prototypiques pour envoyer des signaux simulés pouvant être compris par le plus grand nombre comme expression type de telle ou telle émotion, donc le résultat est assez caricatural. J'aurais tendance à préciser que personne n'est vraiment dupe, la machine simule un comportement émotionnel, et en général les gens sont amusés et intrigués plus que touchés. Parmi les tests menés auprès de personnes âgées dans les EHPAD ou à l'hôpital, nous n'avons jamais observé de comportements de rejet car il pouvait y avoir méprise. Mais les robots que nous utilisons ne peuvent être confondus physiquement avec des humains, même s'ils sont des humanoïdes cherchant à mimer des traits humains.

Le problème scientifique n'est pas seulement de construire des robots qui simulent des émotions ou reconnaissent les nôtres, mais de créer des robots capables de s'insérer dans un processus dynamique d'interaction verbale avec l'humain, fondé sur la base de l'expression affective et permettant de prédire nos intentions d'actions réciproques.

Les émotions sont une sorte d'interface entre le cerveau et le corps. Elles sont essentielles pour les êtres humains, indispensables à la survie. Elles donnent des signaux, perceptibles dans le corps, qu'un besoin est satisfait ou non. « Chacun sait ce qu'est une émotion, jusqu'à ce qu'on lui demande d'en donner une définition. A ce moment-là, il semble que plus personne ne sache », expliquent Fehr et Russell en 1984[1]. Les émotions ont été étudiées par un grand nombre de disciplines comme la philosophie, la psychologie, la médecine, et plus récemment les neurosciences, les sciences cognitives et affectives.

Toutes les émotions, selon Aristote, sont accompagnées de plaisir ou de souffrance. Descartes, dans son ouvrage *Les Passions de l'âme* paru en 1649, propose une liste des émotions primaires (l'admiration, l'amour, la haine, le désir, la joie, la tristesse) à partir desquelles sont composées d'autres émotions plus complexes. Il n'envisage ces états affectifs que de manière négative et cloisonne corps et esprit, voyant dans les émotions un obstacle au fonctionnement de la raison. Peur, colère, joie, tristesse, dégoût sont décrits par Darwin en 1872 comme des émotions universelles (primaires) partagées même avec les animaux. Pour cet auteur, les émotions ont des fonctions de survie, ce sont les mêmes pour toutes les espèces. Il insiste sur le rôle que jouent les structures biologiques supérieures dans l'adaptation des organismes à leur environnement. Dans son livre *L'Erreur de Descartes*[2], le neurologue américain António Damásio affirme que sans émotions l'homme ne peut vivre en société. Il y a donc une interdépendance des processus cognitifs, physiologiques et émotionnels. Klaus Scherer, psychologue renommé pour ses travaux sur les émotions à l'université de Genève, décrit les émotions comme un processus dynamique et propose un modèle d'évaluation expliquant ce processus. Il s'agit en fait d'un modèle à cinq niveaux déclenchés en séquence lorsque nous voyons

1. B. Fehr & J.A. Russel, « Concept of emotion viewed from a prototype perspective », *Journal of Experimental Psychology*, 1984.
2. A. Damásio, *L'Erreur de Descartes*, Odile Jacob, 1995.

l'événement qui fait naître notre émotion; ce modèle explique l'aspect dynamique du processus émotionnel. Le premier niveau est celui de la prédictibilité (1) (l'événement est familier ou surprenant), puis de savoir s'il sera en adéquation avec notre bien-être (2), puis s'il sera en adéquation avec nos buts (3), si nous saurons le gérer (4), et enfin de se demander s'il est en accord avec nos valeurs morales et les valeurs morales de la société (5). Ce modèle est le plus pertinent actuellement pour décrire une émotion, mais il est difficile à implémenter sur machine pour la détection des émotions. Par contre, il est utilisé pour la synthèse des émotions.

Le processus émotionnel selon Scherer se décompose en trois principaux aspects[1] :

- l'évaluation de la signification des stimuli par l'organisme (aspect cognitif),
- la préparation aux niveaux physiologique et psychologique d'actions adaptées (aspect physiologique),
- la communication par l'organisme des états et des intentions de l'individu à son environnement social (aspect expressif).

Ces trois aspects, cognitif, physiologique et expressif, sont généralement acceptés comme constituants du phénomène émotionnel. « Une émotion peut être considérée comme un phénomène empirique, dynamique, d'une certaine intensité, qui se manifeste par des indices dans la voix, le visage, les gestes, et par des changements physiologiques[2]. » Elle est donc associée à des sensations physiques, des représentations mentales et des réponses motrices spécifiques. Les technologies

1. K. Scherer, *On the Nature and Function of Emotion: A Component Process Approach*, Lawrence Erlbaum Associates, Publishers, 1984.
2. C. Caffi & R. Janney, « Toward a pragmatics of emotive communication », *Journal of Pragmatics*, 22, 1994, p. 325-373.

de l'imagerie cérébrale ont permis de révéler la continuité du processus qui commence par un stimulus, se poursuit par des réponses émotionnelles et des actions, et se conclut par la perception consciente que nous appelons sentiments.

Si je ne sais pas interpréter les émotions des autres, je ne vais ni comprendre leurs comportements, ni comprendre leurs intentions. Si je ne sais pas montrer d'émotion, ceux qui m'entourent ne sauront pas ce que je ressens, ce que je veux et ce que j'aime. Les émotions sont fondamentales dans l'interaction sociale, donc la machine intelligente doit prendre en compte les facteurs émotionnels.

António Damásio apporte une vision nouvelle sur la manière dont les émotions se manifestent dans les interrelations étroites qu'entretiennent le corps et le cerveau dans la perception des objets. La notion de « corps » est centrale : l'homme ne se réduit pas à une pensée, à une conscience de soi ; il est aussi un corps, par l'intermédiaire duquel il se trouve dans le monde. Le philosophe Merleau-Ponty (1908-1961), dans son ouvrage majeur *La Phénoménologie de la perception*, donne au corps l'importance qu'il avait perdue dans la tradition philosophique héritée de Descartes. Damásio montre comment les émotions permettent de nous adapter à l'environnement et pourquoi elles font partie de la raison, pour le meilleur et pour le pire. Phineas Gage, dont Damásio retrace la vie dans un de ses livres, travaillait dans la construction des chemins de fer de l'Ouest américain. A la suite d'un accident d'explosif, une barre à mine lui traversa la boîte crânienne. Il survécut mais en changeant radicalement de personnalité : l'homme devint asocial, vulgaire, agressif et très malhabile dans ses choix de vie. En étudiant les conséquences neuropsychologiques de la lésion cérébrale de Gage, il apparaît que celui-ci avait perdu le ressenti émotionnel, le respect des conventions sociales et des règles morales antérieurement apprises, alors même que ni les fonctions intellectuelles fondamentales, ni le langage n'avaient semblé compromis. Damásio a écrit dans son livre, *L'Erreur de Descartes* : «On ne peut pas être rationnel sans être émotionnel ! »

Le domaine de l'*affective computing* par les machines prend ses sources dans les travaux de Rosalind Picard au MIT[1] en 1997 et regroupe trois technologies : la reconnaissance des émotions des humains, le raisonnement et la prise de décision en utilisant ces informations, la génération d'expressions émotionnelles. Ce domaine est très riche, et par essence pluridisciplinaire. J'ai eu l'opportunité de travailler dans un réseau d'excellence européen qui a fait naître une communauté internationale sur l'*affective computing* et les sciences affectives, et celle de collaborer avec des collègues informaticiens, roboticiens, psychologues, neuroscientifiques, médecins, philosophes, psychiatres et sociologues de tous pays.

Nos buts ne sont pas de la science-fiction mais bel et bien des sujets d'exploration de la modélisation des émotions sur les machines. C'est actuellement un sujet de recherche de nombreux chercheurs de par le monde. Dans l'équipe, nous construisons des programmes permettant de détecter les émotions des humains, de renseigner un profil émotionnel et interactionnel de la personne, afin de modifier le comportement du robot en temps réel pour s'adapter à la personne.

1. R. W. Picard, *Affective Computing*, MIT Press, 1997.

La construction des robots s'appuie sur les recherches en intelligence artificielle[1] ; que ce soit pour les déplacements physiques, « on marche avec sa tête ! », ou pour l'aspect cognitif. Le rôle des émotions dans la prise de décision rationnelle a été montré par António Damásio[2] et a donné des nouvelles perspectives à la construction d'artefacts d'intelligence artificielle : les robots doivent être interactifs émotionnellement pour mieux s'adapter à l'environnement social et prendre les bonnes décisions. Le comportement émotionnel est un attribut nécessaire des relations sociales, ce qui fait de l'interprétation et de la reproduction d'émotions une capacité indispensable des robots intégrés dans le milieu des interactions sociales.

Comment détecter les émotions avec une machine ? La paralinguistique est utilisée pour reconnaître les dimensions émotionnelles et sociales. Le paralangage est un moyen de communication naturel employé seul ou pour compléter le langage dans le timbre, le rythme, l'énergie de la voix, dans les gestes, dans les mimiques, etc. Pour l'audio, le paralangage est porté par des paramètres prosodiques. La prosodie est l'étude des phénomènes de l'accentuation et de l'intonation (variation de hauteur, de durée et d'intensité) permettant de véhiculer de l'information liée au sens et au comportement expressif comme les émotions, mais aussi la mise en relief, l'assertion, l'interrogation, l'injonction, l'exclamation, etc. Dans certaines langues comme le mandarin qui est une langue tonale, la prosodie accompagne le sens des mots. Suivant le ton, un même mot peut avoir différents sens.

---

1. La communauté de recherche sur ce sujet est très large, voici un lien sur l'association scientifique : emotion-research.net

2. *L'Erreur de Descartes*, *op. cit.*

Les émotions vont de pair avec des sensations physiques et un passage à l'action, par exemple la fuite devant un serpent. L'expression des émotions est multimodale et combine des indices dans la voix, le visage et les gestes. Il est plus facile, d'un point de vue informatique, pour un robot de simuler des émotions même si celles-ci sont dépourvues de sensations physiques, que de les reconnaître. Pour créer une expression émotionnelle sur le visage, nous pouvons nous appuyer sur de nombreux travaux depuis Charles Darwin, par exemple ceux de Paul Ekman[1], qui a créé des unités faciales que l'on peut composer sur le visage d'un robot afin d'exprimer une émotion donnée. Il existe aussi un grand nombre de travaux sur la génération des gestes et sur la synthèse émotionnelle de voix expressive.

La reconnaissance des émotions est plus compliquée que la synthèse émotionnelle à cause de la très grande variabilité des expressions entre les individus, suivant les contextes et les cultures. En synthèse, on n'utilise que l'expressivité d'une voix. Les sentiments sont des représentations mentales conscientes et sont souvent cachés, particulièrement dans certaines cultures. Par exemple, il nous arrive d'exprimer une émotion positive et d'éprouver en réalité un sentiment de tristesse. Les travaux de Paul Ekman sur la détection des émotions faciales ont été utilisés pour la sécurité dans les aéroports afin de détecter les menteurs. Cependant, les programmes SPOT (Screening of Passengers by Observation Techniques) ont été largement critiqués pour l'absence de preuve scientifique. Pour la reconnaissance des émotions à partir de la voix, on s'appuie sur des indices comme le timbre, l'énergie, le rythme ou encore la qualité vocale de la voix d'une personne.

1. P. Ekman, *Emotions Revealed*, Times Books, 2003.

On utilise des techniques d'« apprentissage automatique » (*machine learning*) pour modéliser les émotions.

Nous procédons en trois phases : codage, étiquetage, modèle. Prenons un exemple de reconnaissance des émotions à partir d'une bande-son. Nous choisissons dans ce signal un certain nombre d'« aspects », qui vont nous donner des centaines, voire des milliers de coordonnées physiques. Nous codons donc la bande-son en une séquence de vecteurs de ces coordonnées. Le codage est la phase la plus compliquée. Les vecteurs sont beaucoup plus riches que pour la reconnaissance de la parole. Il faut choisir les bons paramètres, et cela demande une compréhension poussée des expressions des émotions. Il faut arriver à une information plus compacte, mais qui ait gardé suffisamment d'informations pour pouvoir encore y retrouver les émotions.

L'être humain intervient ensuite en étiquetant ces séquences de vecteurs (segments de son, de vidéo) avec des étiquettes émotionnelles : colère, joie, tristesse... L'algorithme d'apprentissage automatique essaie ensuite d'« apprendre » un modèle à partir du signal et des étiquettes. C'est ce modèle que le robot va utiliser. Une personne va parler et un programme va utiliser alors le modèle pour prédire que le signal correspond vraisemblablement à telle ou telle émotion. En quelque sorte, le programme essaie de trouver des ressemblances avec des signaux existants dans le corpus de données de départ. S'il trouve une ressemblance avec un signal étiqueté « colère », il en déduit que la personne est en colère.

Il nous reste cependant beaucoup de progrès à réaliser. L'adaptation des robots aux personnes et au contexte est un défi, et ce défi passe par la modélisation des processus affectifs.

Nous avons surtout utilisé des réseaux de neurones et des machines à vecteurs de support pour la détection des émotions[1]. Nous commençons à utiliser l'apprentissage profond (*deep learning*). Cet algorithme extrait directement les caractéristiques à partir du signal brut et les compose automatiquement. C'est une direction intéressante qui donne de bons résultats, mais c'est une approche de type boîte noire qui ne permet pas de savoir quels sont les critères utiles. L'approche manque de transparence mais est extrêmement prometteuse.

Il y a plusieurs classes d'algorithmes. On sépare en général les algorithmes dits supervisés des algorithmes non supervisés. Pour des informations plus précises, il est intéressant de se référer aux trois volumes sur le *Panorama de l'intelligence artificielle*[2]. La majorité des applications actuelles reposent sur l'apprentissage supervisé (ou semi-supervisé). L'apprentissage dit non supervisé est le Graal pour les chercheurs.

Lorsqu'un algorithme est dit supervisé, le système apprend à fournir la bonne réponse à partir de données étiquetées. Les données sont d'une part des signaux et d'autre part des étiquettes linguistiques annotées par des experts ou déduites du contexte de collection : par exemple, des images d'animaux étiquetées avec le nom, récoltées sur le Web pour construire un système capable de les reconnaître à partir d'images. Le *deep learning* de Google, « Google Brain » de 2012, est un réseau de neurones distribué sur plusieurs serveurs, et qui sont essentiellement des tâches d'apprentissage supervisé.

1. L. Devillers, M. Tahon, M. Sehili, A. Delaborde, « Détection des états affectifs lors d'interactions parlées : robustesse des indices non verbaux », revue *Traitement automatique de la langue*, 2014.

2. P. Marquis, O. Papini, H. Prade, *Panorama de l'intelligence artificielle. Représentation des connaissances et formalisation des raisonnements* (t. 1), *Algorithmes pour l'intelligence artificielle* (t. 2), *Intelligence artificielle : frontières et applications* (t. 3), Cépaduès, 2014.

Lorsqu'un algorithme est dit non supervisé par l'homme, le système apprend seul à partir des données brutes en se servant de la proximité des signaux. Il existe de nombreux algorithmes non supervisés; cette approche est très étudiée car c'est celle qui est la moins coûteuse puisque le système se débrouille directement avec les données sans étiquetage. C'est cette partie d'annotation des formes qui est très coûteuse, surtout pour gérer d'énormes bases de données. On peut également avoir recours à l'apprentissage appelé semi-supervisé qui consiste à fournir de nombreux exemples au système, ainsi que la «bonne réponse» pour certains d'entre eux. Par exemple, un système peut détecter automatiquement les personnes sur des photos et créer tout seul un dossier pour chaque personne. L'utilisateur a ensuite la possibilité de corriger quelques erreurs. Le système utilise alors ces informations pour s'améliorer.

Lorsque le système a la capacité d'apprendre en continu sans l'intervention des humains, il est souvent programmé avec des algorithmes d'apprentissage par renforcement. Un tel système reçoit des récompenses ou des punitions selon ce qu'il fait, et il tente de s'améliorer pour avoir le plus de récompenses possible. Les récompenses et punitions sont virtuelles, ce sont des notes comme à l'école. Elles sont liées à des tâches ou comportements qu'il faut prévoir. Avec un algorithme à apprentissage par renforcement, le système est libre d'évoluer dans son environnement qui peut être physique dans le cas d'un robot, mais peut également être un environnement virtuel. Prenons l'exemple d'un robot qui apprend à marcher tout seul. On lui donne une récompense lorsqu'il approche de son objectif, et on lui donne une punition lorsqu'il tombe ou perd du temps. A partir de cette supervision réduite, il est capable d'apprendre tout seul à contrôler ses moteurs pour se déplacer efficacement.

Il y a toujours le risque, avec l'apprentissage machine, d'un «surapprentissage» du modèle, c'est-à-dire un apprentissage par cœur des exemples, ce qui rend le modèle trop proche des données d'apprentissage et souvent moins bon pour reconnaître de nouvelles données. Une partie importante du travail de conception d'un système à base d'apprentissage est d'ajuster les paramètres de l'algorithme afin que le système apprenne au mieux à partir des exemples fournis, mais sans faire du surapprentissage. On appelle cela le *pouvoir de généralisation* d'un modèle, c'est-à-dire le niveau des performances de prédictions comparées aux étiquettes des données sur un corpus de tests, indépendant de l'apprentissage. L'évaluation des systèmes utilisés dans les robots est fondamentale afin de tracer les erreurs et d'expliquer les comportements du robot.

Le *deep learning*, approche supervisée, qui est considéré comme l'avancée opérationnelle majeure de l'intelligence artificielle, repose sur la capacité d'une technologie à apprendre à partir de données brutes sans codage spécifique des données. Schématiquement, un réseau de neurones est un ensemble de neurones artificiels, inspirés des neurones biologiques mais extrêmement simplifiés, qui sont connectés les uns aux autres et s'échangent des signaux très simples, par exemple un nombre de 0 à 1. Il existe de nombreuses façons d'interconnecter ces neurones. La plus fréquente est une organisation en couches superposées : tous les neurones d'une couche sont connectés à tous les neurones de la couche suivante.

Les données à analyser, par exemple une photographie dont il faut détecter si elle contient un lion ou un chat, sont fournies en entrée de la couche basse. Certains neurones s'activent et envoient des signaux à la couche supérieure, et ainsi de suite jusqu'à la couche la plus haute, parfois constituée d'un seul neurone. Dans cet exemple, si ce neurone s'active c'est un chat, sinon c'est un lion. Entraîner le réseau de neurones consiste à lui donner de nombreux exemples de photographies et à corriger légèrement le paramètre de connexion entre chaque neurone lorsque le système fait une erreur, de façon à réduire cette erreur. C'est un apprentissage supervisé.

Un système de *deep learning* peut être facilement berné[1] : une étude récente en reconnaissance des images publiée dans une conférence scientifique montre qu'en enlevant des pixels dans l'œil d'un lion, celui-ci n'était plus reconnu et que, par contre, certaines images reconnues avec une grande performance n'avaient pas de sens pour les humains. Des recherches sont menées actuellement pour essayer de rendre plus robustes et un peu plus transparentes les techniques de *deep learning*.

La qualité des données du départ et de leur étiquetage est fondamentale dans ce type d'approche mais peu vérifiée dans les systèmes actuels. La plupart des corpus disponibles sont artificiels. Ils sont obtenus par exemple avec des acteurs de théâtre à qui on demande de reproduire des émotions. Et c'est une limitation importante. Un axe majeur de recherche est de construire des corpus importants de données sur les sentiments, obtenus dans des contextes réels, étiquetés par les émotions effectivement présentes. Pour ma part, j'ai travaillé avec des corpus réels enregistrés dans des

1. A. Nguyen, J. Yosinski, J. Clune, «Deep Neural Networks are EasilyFooled : High Confidence Predictions for Unrecognizable Images», CVPR, IEEE, 2015.

centres d'appels d'urgence. Nous observons alors que la plupart des émotions ne sont pas aussi simples que cela. Elles sont souvent mélangées, par exemple vous pouvez ressentir de l'anxiété, ou de la peur et du soulagement en même temps parce que quelqu'un vient vous aider. Nous retrouvons cette complexité dans des conversations, que nous avons également étiquetées, de clients non satisfaits et qui contactaient différents centres d'appel.

De manière plus générale, nous analysons les informations linguistiques, les mots que les personnes prononcent, ainsi que les informations paralinguistiques, mais également certaines expressions du visage comme le sourire, etc. Nous essayons de corréler toutes ces informations pour comprendre le sentiment réel de la personne. Durant une interaction, on construit un profil émotionnel et interactionnel de la personne pour mieux adapter les stratégies à chacun.

Evidemment, cette modélisation des émotions est simplificatrice ! Les meilleurs systèmes actuels ne permettent de détecter que peu d'expressions émotionnelles, et, surtout, si elles sont exprimées de façon assez caricaturale. En général, les systèmes proposent la détection de moins de dix émotions : peur, colère, joie, tristesse, dégoût, surprise, avec quelquefois des nuances d'intensité : inquiétude, énervement, amusement. Il est très difficile d'aller au-delà dans l'état actuel des technologies. L'analyse de ces processus expressifs dans différents contextes peut amener à différentes interprétations émotionnelles.

On a recours à la linguistique à plusieurs niveaux dans les systèmes de dialogue utilisant des entrées verbales. Voici les différentes branches de la linguistique impliquées dans les traitements pour construire un système de dialogue :

- la phonétique : étude des sons produits par l'appareil phonatoire humain,
- la phonologie : étude des sons ou phonèmes d'une langue donnée,
- la morphologie : étude des types et de la forme des mots,
- la syntaxe : étude de la combinaison des mots pour former des énoncés et des phrases,
- la sémantique : étude du sens des mots, des phrases et des énoncés,
- la pragmatique : étude de l'utilisation (littérale, figurée ou autre) des énoncés dans le contexte d'énonciation.

A l'heure actuelle, il existe majoritairement des assistants vocaux qui sont des systèmes de questions-réponses et non de réels agents conversationnels, qui ne prennent pas en compte les aspects affectifs, ni la mémoire des échanges avec le système, par exemple Siri d'Apple. Depuis peu, les grandes sociétés high tech se livrent une nouvelle bataille : la guerre des chatbots.

Siri peut avoir un humour pince-sans-rire lorsqu'il répond, mais si les choses tournent mal dans votre vie, ce système ne fait pas un très bon ami ni même un confident, il ne se souvient de rien et n'est pas capable d'empathie. A la question « Quelle est ta couleur préférée ? », Siri peut répondre qu'il prise particulièrement le violet argenté teinté de reflets terre de sienne. Interrogé quant à la définition de la notion d'amitié, par exemple, Siri peut riposter par une citation littéraire.

La même chose peut être dite pour l'instant des autres assistants vocaux tels que ceux de Google,

Cortana de Microsoft et la Voix S de Samsung. Pour l'instant, les assistants sur smartphone, même si certains commencent à avoir des modèles de dialogue, sont en général incapables de répondre aux utilisateurs qui se plaignent de dépression, de maladies physiques, ou même de drague.

« Hello, ça ne va pas, ai-je tapé dans l'interface d'un de ces systèmes. Je ne ressemble à rien. »

Quelques minutes plus tard, le système a répondu : « Mais si, vous ressemblez à quelqu'un, à un humain. »

Mon problème était insoluble, mais la réponse était finalement sensible et surtout très humaine. Je venais de recevoir un conseil d'un agent conversationnel ayant recours à la librairie empathique Koko. Ce système est commercialisé depuis très peu de temps et vient des travaux de recherche du MIT. Koko est un module permettant de simuler une certaine empathie, pouvant être utilisé par tous les assistants vocaux comme Alexa, Siri et Cortana. Il fonctionne à partir d'énormes bases de données qui regroupent des milliers de réponses empathiques. Koko doit trouver parmi elles une réponse qui satisfasse la question dans le contexte donné. Ce n'est pas toujours simple !

Pour créer un dialogue naturel, on utilise donc un ensemble de modèles qui ont été entraînés sur des corpus de données afin de détecter les intentions de l'interlocuteur, raisonner, décider de la réponse, et enfin la générer. Les corpus de données pour entraîner les modèles statistiques utilisés dans ces différentes technologies ne seront jamais assez larges pour tout prévoir. Aussi les systèmes font des prédictions. Le fait d'utiliser plusieurs modèles en parallèle sur ce qui est dit, et comment cela est dit, puis le contexte, permet de rendre plus robuste l'interprétation des requêtes et intentions de l'utilisateur. Nous travaillons sur le contenu linguistique et paralinguistique à partir d'indices audio et visuel. A chaque prédiction, on associe une mesure de fiabilité. De temps en temps, la connaissance extraite dans l'un des canaux en contredit une autre, ce qui peut être compliqué à comprendre. Cela peut être lié à une erreur ou à un certain nombre de phénomènes complexes. Je peux par exemple *pleurer de joie, hurler de bonheur, normalement je pleure de tristesse et je hurle de colère!* Le canal paralinguistique et le canal linguistique seront alors contradictoires.

L'ironie est un de ces phénomènes difficiles à déceler, nous sommes plus ou moins enclins à faire de l'ironie lorsque nous nous exprimons. L'ironie est une figure de style où l'on dit le contraire de ce qu'on veut faire entendre, et par extension ce peut être un trait d'humour ou de moquerie. Le marqueur de l'ironie peut être le contexte situationnel ; «*Quel sale temps!*», alors qu'il fait beau, ou peut être également lié à des marques de prosodie ou des mimiques qui produisent une incongruité : «*Ah, je vous aime!*», avec une voix emprise de dégoût.

L'humour est un fluidifiant social : pour que le robot soit capable de faire de l'humour au moment approprié, il doit également être doté d'une théorie de l'esprit : c'est-à-dire de la capacité à comprendre, même sommairement, les intentions d'autrui. L'humour devient alors pour le robot le moyen de détendre une conversation, de surmonter des échecs ou encore de mettre une situation en perspective. L'humour joue en effet un rôle capital dans les relations sociales : il amortit le stress, met en confiance, voire crée une connivence entre les interlocuteurs. Si vous êtes seul et malheureux, le robot plaisante pour vous réconforter; si vous êtes en colère, il vous rappelle avec humour que la situation n'est pas si terrible. L'autodérision s'avère également très utile lorsque le robot fait des erreurs... et qu'il s'en rend compte.

Le but d'assister les personnes âgées avec des robots est de leur permettre de rester le plus longtemps possible autonomes chez elles et dans leur entourage familier, avec leurs habitudes, leurs animaux de compagnie et leurs voisins. C'est le moyen de mieux vivre plus longtemps. Des études lors de catastrophes comme les tremblements de terre ont montré que la destruction de leurs maisons augmentait le risque de démence des personnes âgées.

Les premières analyses d'interaction entre un robot et des personnes âgées menées avec des ergothérapeutes de l'association Approche[1] dans des maisons de retraite ainsi qu'avec des gérontologues dans le « living lab » de l'hôpital Broca à Paris montrent un grand intérêt pour les robots, et des réactions plutôt positives. Les peurs sont souvent exprimées par rapport à ce que les personnes entendent dans les médias et par le fait que, souvent, le numérique et la robotique sont des domaines totalement inconnus. Dans cinq à dix ans, les seniors auront des connaissances en informatique, et l'acceptation sera bien plus forte. De même, les personnels soignants auront compris que leur rôle sera d'autant plus valorisé avec des machines. Les médecins y voient aussi déjà une avancée significative pour le suivi des patients, afin d'affiner leur diagnostic.

Comment protéger les personnes de ces machines qui vont vivre au quotidien avec elles et apprendre des

1. L'association Approche fait la promotion des nouvelles technologies auprès des personnes en situation de handicap et de dépendance.

informations de leur intimité? Comment doter un robot de sens commun, de sens pratique, de la compréhension du contexte pour qu'il réponde mieux? Ces connaissances que les humains acquièrent grâce à leurs expériences jour après jour sont sans doute parmi les questions les plus difficiles à gérer d'un point de vue technologique mais aussi éthique.

Dans le cadre du projet européen Joker, nous travaillons au LIMSI-CNRS à identifier et à interpréter certains indicateurs du comportement de l'interlocuteur qui caractérisent une interaction sociale et affective; puis, grâce à l'humour, à engager l'interlocuteur humain à réagir à des blagues que fait le robot. Le projet ROMEO 2[1] dont le but est de construire un robot compagnon pour les personnes âgées est piloté par la société SoftBank Robotics; il regroupe les laboratoires majeurs en France sur la robotique sociale. Dans le cadre de ce projet, nous testons Nao et Pepper comme assistants auprès de personnes âgées en utilisant la détection des émotions et des stratégies de négociations[2]. Des vidéos de notre technologie de détection des émotions sont visibles sur YouTube[3]. Nous mettons en œuvre des scénarios de vie de tous les jours, collectons des données de personnes interagissant avec les systèmes. Ces données permettent d'enrichir les modèles. Le défi de ces systèmes intelligents est cependant qu'ils puissent apprendre par eux-mêmes à répondre à de nouveaux scénarios.

---

1. Projet PSPC ROMEO – ROMEO 2 : http://projetromeo.com
2. L. Devillers, M. Tahon, M. Sehili, A. Delaborde, « Inference of human beings' emotional states from speech in human-robot interactions », *International Journal of Social Robotics*, 2014.
3. Vivre avec les robots, @Elodie Fertil : https://www.youtube.com/watch?v=p1ID-gvUnWs, Des robots pour les enfants autistes (ARTE) https://www.youtube.com/watch?v=8BiayzQxTQA&feature=youtu.be&t=420

Un robot trop bienveillant doit être évité pour que l'humain ne se cantonne pas dans des relations uniquement avec des machines. Faire de l'humour, même machine, c'est compliqué ! Nous cherchons avant tout à développer des interfaces utiles et bienveillantes. Le risque est important pour des personnes vulnérables de trouver un réconfort et de projeter énormément d'intentions sur ces machines affectives. L'humour peut être un moyen de réguler ces excès d'attachement aux machines.

Ces robots affectifs et sociaux ne seront mis en œuvre que pour certaines applications particulières. De fait, la question de l'utilité et de la pertinence des modèles de comportements robotiques doit toujours se poser, à plus forte raison si ces machines doivent être placées auprès d'enfants ou de personnes fragiles. Il importe également de savoir si nous sommes prêts à accepter des robots capables de faire de l'humour ; et si nous pourrons un jour nous attacher à des machines affectives comme nous nous attachons à un animal domestique. Dans ce cas, quels statuts auront ces artefacts dans nos sociétés? Autant de questions qu'il faudra bien se poser afin de préparer la société à vivre avec ces machines autonomes.

4

Machines morales

«— Les machines font de leur mieux.
— Ouais, mais c'est tout c'qu'elles peuvent faire. Quand y a pépin, l'homme, lui, doit faire plus que son mieux, sans ça il est foutu.»

Isaac Asimov, *Hérédité*, in *Noël sur Ganymède.*

Les machines peuvent-elles avoir une morale? Les robots sont-ils capables de raisonnement éthique?

Le concept de la morale robotique fait partie intégrante de l'œuvre d'Isaac Asimov, c'est un thème récurrent dans ses ouvrages. Citons par exemple : *Les Cavernes d'acier* (1956), *Face aux feux du soleil* (1961), *Les Robots de l'aube* (1984), *Les Robots et l'empire* (1986), ou encore *Le robot qui rêvait* (1988).

L'humain est au centre des interactions avec les machines; nos expériences de collectes de données en interaction avec des machines sont essentielles pour mettre au point l'intelligence artificielle de celles-ci.

L'éthique se définit comme une réflexion fondamentale sur les normes morales, les limites et les devoirs. Qu'est-ce que la loyauté des systèmes ? On parle pour l'instant surtout de la loyauté des données[1] : neutralité, diversité, justice et transparence.

La démarche éthique a plusieurs dimensions : *Proposer des pistes de réflexion* sur ce qui est juste et ce qui ne l'est pas, pour soi-même et pour la société, dans l'usage et la conception des robots, *concevoir ces machines intelligentes avec des règles morales et construire des outils et mesures* pour cadrer et vérifier les performances et le comportement des robots, et également proposer des lois juridiques qui spécifient ce qui est obligatoire ou interdit. Les résultats de la réflexion éthique sont des préconisations éthiques qui permettent aux designers de robots de répondre à des enjeux concrets, tant du point de vue de la forme et du processus décisionnel que du point de vue des valeurs et principes en jeu. Pour l'aspect juridique, le cadre légal existant, par exemple sur les objets défectueux, permet d'analyser un bon nombre de questions juridiques relatives à la robotique, toutefois la question de la nécessité de normes nouvelles fait actuellement débat. Certains avancent l'idée que les robots pourraient posséder des droits, d'autres de doter les robots d'une personnalité juridique particulière. Ce sujet émerge actuellement mondialement sur la robotique et le numérique, prenant ses sources dans des premiers travaux en Europe et aux Etats-Unis sur les données sur le Web.

Le monde de la recherche est divisé sur ce sujet : certains chercheurs pensent que les robots, notamment

1. J. Stoyanovich, S. Abiteboul, G. Miklau, « Data, Responsibly fairness, neutrality and transparency in data analysis », Conference on Extending Database Technology (EDBT), 2016.

sur un champ de bataille ou sur la route, seraient capables d'agir plus moralement que les êtres humains, parce qu'ils sont capables d'envisager plus de situations possibles. En outre, ils sont capables de suivre à la lettre des règles sans aucune émotion. Pour d'autres, il est impossible qu'un sens moral soit codé sur les robots, puisque leur compréhension des autres et leur niveau de conscience d'eux-mêmes sont limités et qu'ils ignorent la souffrance. On peut implémenter dans une machine quelques règles basiques de morale pour gérer des cas spécifiques, mais la machine aura pour moralité celle de l'être humain qui l'aura programmée.

La morale désigne l'ensemble de règles déterminant la conformité des pensées ou actions d'un individu avec les mœurs, règles et coutumes d'une société, d'un groupe, d'une communauté religieuse ou d'un individu pour évaluer son propre comportement. Ces règles reposent sur les valeurs normatives de bien et de mal. Elles peuvent être universelles ou relatives à une époque, une culture ou un lieu. Un dilemme éthique[1] est un choix donné à un robot entre deux options connues, avec du point de vue du robot une raison éthique de choisir individuellement chacune de ces options.

Trois approches majeures de l'éthique ont été proposées par Nicolas Cointe, Grégory Bonnet et Olivier Boissier[2], selon lesquelles le bien-fondé d'un acte est :

- jugé conforme à des valeurs telles que la justice, entre autres[3], appelée *éthique des vertus*,

1. T. McConnell, «Moral dilemmas», *in* E. N. Zalta, editor, *The Stanford Encyclopedia of Philosophy*. 2014.
2. N. Cointe, G. Bonnet, O. Boissier, «De l'intérêt de l'éthique collective pour les systèmes multi-agents», *RJCIA*, 2015.
3. R. Hursthouse, «Virtue Ethics», *in* E. N. Zalta, editor, *The Stanford Encyclopedia of Philosophy*, 2013.

- jugé par son adéquation avec les obligations et permissions associées à la situation[1], appelée *éthique déontologique*,
- évalué à l'aune de ses conséquences[2], appelée *éthique conséquentialiste.*

«Ainsi l'éthique des vertus juge essentiellement l'acte sur l'adéquation entre les désirs qui le motivent et les vertus reconnues par les règles morales, tandis que l'éthique déontologique cherche davantage à vérifier une correspondance entre les devoirs mentionnés par les règles morales et les capacités de l'agent lorsqu'un choix lui est proposé. Enfin, l'éthique conséquentialiste cherche à concilier les désirs et règles morales dans les conséquences d'un acte réalisable dans la mesure des capacités de l'agent[3].»

La difficulté majeure est de donner des capacités d'intelligence artificielle plus fortes aux robots pour qu'ils soient capables de faire ces choix éthiques. Le défi est de créer une machine suffisamment intelligente pour avoir une «conscience morale», ou au moins un premier niveau de conscience de soi!

Comment naît la conscience chez l'enfant? Philippe Rochat[4], psychologue, a proposé de distinguer jusqu'à cinq niveaux de conscience de soi et des autres qui se développent progressivement au début de la vie :

1. L. Alexander & M. Moore, «Deontological ethics», *in* E. N. Zalta, editor, *The Stanford Encyclopedia of Philosophy*, 2012.
2. W. Sinnott-Armstrong, «Consequentialism», *in* E. N. Zalta, editor, *The Stanford Encyclopedia of Philosophy*, 2014.
3. Cf note 2, p. 174.
4. P. Rochat, «*Conscience de soi et des autres au début de la vie*», in *Enfance*, PUF, 2003.

1. à la naissance, le bébé manifeste déjà les rudiments d'une différenciation de soi par rapport au reste du monde sur la base d'expériences sensorielles,
2. entre six et huit semaines, à l'apparition du sourire, l'enfant commence à manifester le sens d'expériences partagées avec l'adulte lors de conversations s'appuyant sur le paralangage, le mamanais[1],
3. entre deux et sept mois, tout en continuant de développer le sens d'un soi, le bébé développe des attentes sociales avec les autres,
4. ce développement semble culminer vers huit mois lorsque l'enfant tend à manifester de façon nouvelle de l'anxiété dans ses rencontres avec des personnes qui ne lui sont pas familières,
5. enfin, au-delà de neuf mois et culminant à dix-huit mois, l'enfant développe, en plus d'une attention partagée avec autrui, les débuts de la collaboration avec l'autre où le regard d'autrui est approprié et intégré au sien. Cette dernière étape permet en particulier à l'enfant d'entrer dans la culture de l'adulte qui, outre son caractère verbal et hautement symbolique, est fondée sur une capacité de représentation des perceptions, croyances et connaissances d'autrui, ce que l'on nomme aujourd'hui « théorie de l'esprit ». La capacité de comprendre les intentions d'autrui apparaît donc très tôt chez l'enfant. La conscience de soi est liée à la théorie de l'esprit.

Le débat sur la théorie liée à l'attribution d'états mentaux est né il y a plus de trente ans. Il y a quatre

1. Cf. note 2, p. 67.

influences majeures relatives à l'apparition de la théorie de l'esprit : la philosophie de l'esprit (capacité de mentalisation), l'éthologie cognitive (l'étude du comportement cognitif des animaux), l'acquisition du langage (l'utilisation de mots qui se réfèrent aux états mentaux), et les recherches sur la distinction apparence/réalité. Par exemple, les expériences et analyses en éthologie cognitive de Premack et Woodruff (1978), «Est-ce que le chimpanzé a une théorie de l'esprit ?»[1], suggèrent qu'un chimpanzé est capable d'inférer des états mentaux.

La théorie de l'esprit désigne, selon Simon Baron Cohen (1997), «la capacité d'attribuer des états mentaux à soi-même et à autrui ; cette faculté de déduire la pensée intuitive de l'esprit permet à l'être humain de prédire ce que les autres feront dans une situation donnée[2]». Baron Cohen a beaucoup travaillé sur l'autisme et proposé d'ailleurs une liste d'états mentaux. Il a aussi construit un système à quatre composants : un détecteur d'intentionnalité (but et désir), un détecteur de direction des yeux (regard), un mécanisme d'attention partagée : «Maman voit que je vois le chat», et enfin un dernier composant qui permet d'inférer l'ensemble des états mentaux à partir du comportement, c'est-à-dire d'utiliser une théorie de l'esprit. Cette capacité intuitive de l'humain favorise les relations sociales, affectives et communicatives : elle nous permet d'interpréter, prédire et tirer des conclusions sur les comportements d'autrui. Les états mentaux comportent les émotions, les croyances, les sensations, les perceptions, les désirs, etc. Chacun a un accès privilégié à ses états mentaux

1. D. Premack & G. Woodruff, «Does the chimpanzee have a theory of mind?», *Behavioural and Brain Science*, 1978.

2. S. Baron-Cohen, *Mindblindness. An Essay on Autism & Theory of Mind*, MIT Press, 1997.

qui sont internes, par opposition aux états physiques qui sont externes. Sans y penser, nous attribuons des états mentaux à chaque personne rencontrée mais aussi à n'importe quel objet pouvant être identifié à un agent doué d'intentionnalité, que ce soit un animal de compagnie, un objet ou un objet numérique. D'ailleurs, lors d'une expérience de 1944 dans laquelle des formes géométriques bougeaient, Heider et Simmel[1] ont observé que les sujets décrivaient ces formes en leur attribuant des états mentaux !

Pour développer des fonctions cognitives telles que comprendre ses propres actions, apprendre de nouvelles capacités, effectuer des actions conjointes avec le robot, prendre des initiatives, raisonner sur des règles éthiques, il faut donner au robot une certaine conscience de soi représentée par la capacité de méta-raisonnement et d'autoévaluation permettant de guider la mémorisation et les décisions des actions.

La conscience de soi pour un robot n'a rien à voir avec ces cinq étapes du développement de l'enfant. Il n'y a pas d'évolution liée à une enfance, ni de conscience de son corps, ni d'échanges uniquement en paralangage, ni d'attentes sociales pour un robot. Il n'acquiert pas naturellement les capacités de compréhension et de représentation des états mentaux des autres. Cette représentation sera programmée directement sur le robot pour simuler la théorie de l'esprit. Il ne fera que mémoriser les événements expressifs, les actions qui peuvent l'aider à comprendre les états mentaux de l'autre. On développera des raisonnements d'autoévaluation et des méta-raisonnements car il faut également qu'il puisse représenter ses propres états

1. https://www.youtube.com/watch?v=VTNmLt7QX8E

mentaux, une sorte de conscience de soi, pour prendre des décisions.

Sans connaissances sur lui, le robot sera incapable d'interagir socialement et de juger s'il fait perdre la face à l'autre personne, par exemple. Erving Goffman[1] analyse les éléments rituels inhérents aux interactions sociales. La face sociale est un prêt consenti par la société, qui est retiré quand la personne n'adopte pas le comportement attendu. L'individu adopte une ligne de conduite lors des interactions avec autrui pour donner une image de soi conforme : la « face ». Goffman analyse ce « code », que tout individu respecte et qu'il nomme « figuration », qui consiste à ne faire perdre la face à personne, ni à lui-même ni aux autres. La mise en danger de la face des autres, l'offense, peut être volontaire (méchanceté) ou involontaire et non intentionnelle (impair). L'auteur étudie les principes types de figuration tels l'évitement, faire intervenir un intermédiaire ou le retrait. De nombreux exemples de la vie sociale permettent d'illustrer le système de pratiques, de conventions, de règles des interactions élaboré par toute société (par exemple lors d'une conversation, d'une cérémonie ou de toute autre relation sociale). Sans une certaine conscience de soi, le robot n'aura pas de conscience des règles à appliquer aux autres pour bien interagir socialement, et les règles morales seront encore plus difficiles à mettre en place.

La conscience est un sujet de recherches scientifiques qui relie des compétences à la fois de neurologues, d'informaticiens mais aussi de psychologues, d'anthropologues et même de philosophes. Qu'est-ce qui nous amène à dire qu'un système est conscient : est-ce

1. E. Goffman, *Les Rites d'interaction*, Editions de Minuit, 1974.

son fonctionnement ou le phénomène qu'il produit? Cette question en implique une autre, mentionnée par Turing : est-il possible que les machines puissent engendrer quelque chose pouvant être décrit comme une pensée mais qui n'a rien à voir avec le raisonnement humain naturel? Non seulement on ne peut pas démontrer qu'un ordinateur capable de répondre à un être humain est conscient, mais on peut démontrer qu'il n'est pas nécessaire qu'il le soit pour répondre.

Il est amusant de connaître le «test du miroir» qui permet d'estimer la conscience de soi des animaux grâce à la conscience de leur corps. Le «test du miroir» a été proposé par l'Américain Gordon Gallup en 1970. Ce test est un moyen d'estimer la reconnaissance de son corps. Une marque est apposée subrepticement sur le front d'un animal. Si l'animal, face à un miroir, fait mine d'enlever la trace ou d'avoir noté le changement, cela signifie qu'il est conscient de son propre corps. Cependant, ce test n'est applicable qu'aux animaux qui utilisent principalement la vue pour identifier des individus : il serait absurde sur une taupe. A ce jour, les espèces qui ont passé avec succès le test du miroir sont les singes (chimpanzés, bonobos, orangs-outans), les dauphins, les éléphants, les oiseaux (corbeaux, pies). Pour les humains, l'identification de soi-même évaluée par le test du miroir apparaît vers dix-huit mois. Ce test n'a aucun sens pour un robot, à moins de souhaiter vérifier qu'un robot a été programmé pour réagir à ce test!

Pour inculquer des règles aux machines, il est nécessaire que la machine puisse raisonner sur elle-même et sur les autres. Et même si nous y parvenons, d'autres questions surgiront. «Un robot peut-il avoir la capacité de désobéir aux ordres d'un contrôleur humain s'il décide de ne pas envoyer un missile sur une maison parce que son analyse lui fait conclure que le nombre de civils à l'intérieur dépasse largement le nombre de combattants ennemis ? Un être moralement autonome est souvent imprévisible en effet : il estime lui-même ce qui lui paraît juste[1]. »

Comme nous l'avons déjà présenté, John McCarthy[2] a écrit une nouvelle de science-fiction, intitulée *Le Robot et le Bébé*, pour illustrer en partie ce que les robots domestiques devraient être. Pour lui, les robots ne doivent pas avoir d'émotions. Dans cette nouvelle, un peu comme dans les nouvelles d'Asimov, le robot doit résoudre un dilemme car deux règles rentrent en contradiction. Règle 1 : ne pas s'adresser aux enfants afin de ne pas susciter l'empathie. Règle 2 : prêter assistance à personne en danger. La mère lui ordonne de faire ce qu'il veut : pour sauver le bébé et répondre à la règle 2, il va déroger à la règle 1.

D'après John McCarthy[3], un robot a besoin d'utiliser une connaissance introspective pour fonctionner dans le monde et avoir un sens commun afin d'accomplir les tâches que les humains pourraient lui donner, mais les émotions ne sont pas nécessaires. Cindy Mason[4] ne partage pas son point de vue et pense qu'il est nécessaire de modéliser les émotions, vision que je partage également. Elle écrit en 2008 : le niveau d'intelligence humaine exige plus que juste des règles de bon sens. Il exige une intelligence compatissante, empathique, un bon sens social et émotionnel ainsi que des méthodes plus traditionnelles d'intelligence artificielle appropriées

1. G. Vignaux, *La Chirurgie moderne, ou L'Ivresse des métamorphoses*, Pygmalion, 2010.
2. J. McCarthy, *The Robot and the Baby*, *op. cit.*
3. J. McCarthy, *Making Robots Conscious of their Mental States*, Stanford, 2002.
4. C. Mason, *Human-level-AI Requires Compassionate Intelligence*, AAAI workshop on meta-cognition, 2008.

aux tâches. Un programme capable de prise de décisions et d'interaction sociale compatissante exige une certaine méta-connaissance de la situation, de la tâche et du contexte. Les connaissances d'un tel agent artificiel incluent donc une méta-cognition.

Une connaissance introspective est une sorte de conscience de soi. Construire des robots conscients de leurs états mentaux était l'un des buts de John McCarthy, qui avait proposé des fragments préliminaires d'un langage logique qu'un robot peut utiliser pour représenter des informations sur son propre état d'esprit. Un robot aura souvent à conclure qu'il ne peut pas trancher une question sur la base des informations contenues dans sa mémoire et qu'il doit donc chercher de l'information externe. Il n'existe pas encore beaucoup de programmes avec une conscience introspective et qui peuvent apprendre des procédures qui tiennent compte des états mentaux, des observations antérieures et, par exemple, de la connaissance ou de l'absence d'une observation spécifique. Cela suggère la conception de robots utilisant des règles de logique sur les états de conscience. Nous proposons d'utiliser des contextes comme des objets formels pour le robot, alors que le contexte est principalement inconscient chez les humains.

John P. Sullins[1], philosophe, soutient que dans certaines circonstances on peut voir des robots comme des agents moraux. Il n'est pas nécessaire pour un robot d'avoir une personnalité pour être un agent moral.

Il détaille trois exigences pour qu'un robot puisse être vu comme un agent moral :

1. J. P. Sullins, « When is a robot a moral agent? », *International Review of Information Ethics*, 2006.

1. la première est réalisée quand le robot est suffisamment autonome,
2. la deuxième quand on peut expliquer le comportement du robot en y attribuant une certaine intention bonne ou mauvaise,
3. et la dernière exige que le robot se comporte d'une façon qui montre la compréhension de la responsabilité à un autre robot.

Les trois critères principaux pour construire des machines morales sont donc : l'autonomie, l'intentionnalité et la responsabilité.

Nous arriverons rapidement à des situations où le robot devra avoir des règles morales. Par exemple, une infirmière a certains devoirs moraux et des droits quand elle traite ses patients. Qu'en sera-t-il pour un robot ? Peut-on reprendre ces règles ?

Une équipe de chercheurs aux Etats-Unis[1] met l'accent sur l'évolution de notre considération de la moralité des robots. Il semblerait que l'on ait tendance, de plus en plus, à leur attribuer une morale ; on les verrait aujourd'hui comme des entités ayant des sentiments et des attributs sociaux, même s'il n'y a aucune règle morale embarquée sur le robot !

La problématique du « bouton rouge » est parfois évoquée, avec le fantasme que la machine apprenne tellement qu'elle ait la capacité d'interdire tout débrayage ou reprise en main[2], ce qui est un pur fantasme.

La société n'a aujourd'hui ni normes et standards universels, ni directives pour définir les valeurs à

---

1. A l'université de Washington, basée à Seattle ; laboratoire HINTS (*Human Interaction with Nature and Technological Systems*).

2. http://www.lemonde.fr/pixels/article/2016/06/07/pourquoi-google-a-concu-un-bouton-rouge-pour-desactiver-des-intelligences-artificielles_4941225_4408996.html

mettre en œuvre dans des systèmes intelligents autonomes. Comme ces systèmes auront une autonomie croissante pour prendre des décisions et manipuler leur environnement, il est essentiel qu'ils soient conçus pour communiquer sur leurs actions d'une façon transparente et digne de confiance pour la communauté qui va les utiliser. Trois objectifs majeurs sont définis : l'identification des normes et des valeurs d'une communauté spécifique, la mise en œuvre de celles-ci ; et l'évaluation de l'alignement et de la compatibilité de ces normes et valeurs avec les humains.

Comme je l'ai déjà expliqué, la plus importante organisation savante mondiale sur le numérique, l'Institut des ingénieurs électriciens et électroniciens (IEEE), a lancé une initiative sur l'éthique des systèmes autonomes en 2016. Les grands acteurs américains du secteur, dont Google, Amazon, Facebook, Microsoft et IBM, prennent ensemble une initiative analogue.

La communauté des chercheurs en informatique, en sciences cognitives, en robotique s'est emparée du sujet des machines morales et du concept de *design by ethics* afin que les machines que nous construirons demain aient un comportement souhaitable face à l'homme. Pour avoir un comportement loyal, équitable et inspirer confiance, il faut concevoir des machines qui puissent tracer, vérifier et expliquer leur comportement, et ce qu'elles apprennent. Une voiture autonome doit par exemple apprendre le code de la route pour éviter les accidents. Un robot social doit avoir un code de conduite dans la société.

Les universitaires et chercheurs, en participant à des forums de discussions et en s'engageant activement auprès des médias, doivent provoquer le débat et apporter une compréhension plus profonde de l'intelligence artificielle, de la robotique, et de son impact sur notre société afin d'aider les politiques, les industriels et les législateurs à faire des choix responsables. Il est nécessaire de concevoir ensemble les robots sociaux qui observent des règles d'interaction avec nous et des règles de respect de notre vie privée pour que, sous peu, ils soient à leur place – esclave, assistant ou compagnon ? – dans leur rapport aux humains et à la société.

Les progrès en robotique et intelligence artificielle sont une chance pour la société à condition de réfléchir à ce que nous voulons en faire. Les substituts du corps se développent : robots, prothèses, implants cérébraux. Que sera l'avenir technologique des robots et de l'intelligence artificielle ? Suite à un accident cérébro-vasculaire, une jeune fille est restée paralysée et a perdu la parole. Mais douze ans plus tard, grâce à un implant cérébral, elle peut désormais boire à la bouteille en se servant d'un bras robotique qu'elle contrôle par la seule force de la pensée[1].

Aura-t-on le choix ou faudra-t-il apprendre, les uns à s'adapter à leurs compagnons robots, les autres à leurs prothèses ? Enfin, aura-t-on tous besoin d'implants cérébraux, comme le prédit Elon Musk ? Saurons-nous toujours distinguer des humains des non-humains, ou est-ce que la frontière sera floue ?

Les questions se posent déjà pour les robots compagnons dans les hôpitaux, les véhicules autonomes, les agents conversationnels ou les drones. Le droit militaire est différent.

- Qui décide du choix des cibles d'un robot tueur ? Le rapport d'autorité entre le robot et l'humain sera toujours en faveur de l'humain.

1. http://www.discoveryscience.fr/scnews/scnews-votre-cerveau-en-2050-implants-neuraux-et-membres-robotiques

- Qui est responsable en cas d'accident d'une voiture autonome ?
- Si un robot soignant comprend que son maître n'aime pas le sirop, le lui donnera-t-il s'il s'agit d'un médicament ?
- Comment apprendre à un logiciel de conversation à ne pas tenir des propos inacceptables ?

Tout système doit être évalué avant d'être mis dans les mains de son utilisateur. Comment évaluer une intelligence artificielle qui apprend des humains et qui s'adapte à eux ? Comment évaluer un système qui apprend tout seul ? Peut-on prouver qu'il restera dans les fonctions pour lesquelles il a été conçu ? Comment le programme peut-il se rendre compte de limites à ne pas dépasser ? Les données que la machine utilise pour son apprentissage la dirigent vers certaines actions, mais qui supervisera la sélection des données ?

Les systèmes informatiques comprenant des algorithmes d'apprentissage qui s'adaptent en continu, c'est-à-dire qui peuvent modifier leurs connaissances au cours de leur utilisation, posent le problème de la coresponsabilité entre le concepteur et l'utilisateur. Il est alors difficile d'attribuer la responsabilité de ces comportements au seul concepteur du système. L'ingénieur qui a choisi les données pour entraîner le système est également responsable. Son utilisateur, qui a modifié le modèle initial ensuite par apprentissage continu, semble dans ce cas être aussi responsable des actions du système. Il est alors judicieux de spécifier les différents acteurs rentrant en jeu dans l'élaboration de ces systèmes : le concepteur des programmes, l'ingénieur qui entraîne le système, l'opérateur (pour certaines applications) qui peut reprendre à tout moment le programme en main, et enfin l'utilisateur qui peut aussi entraîner le système. Avec l'accroissement de la capacité d'apprentissage et d'adaptation d'un système, il semble donc y avoir un transfert progressif de responsabilité du concepteur vers l'ingénieur qui entraîne le système, également utilisateur ou non. Cette diffusion de la responsabilité pose de nouvelles questions éthiques, mais aussi juridiques et réglementaires : avant sa mise en circulation, un véhicule doit «passer aux mines», c'est-à-dire obtenir une autorisation de circuler. De même un médicament doit obtenir une autorisation de mise sur le marché avant d'être distribué. Une telle autorisation préalable semble insuffisante, quand les systèmes deviennent adaptatifs et si l'on peut les entraîner à adopter des comportements trop variés. Devra-t-on passer un permis pour utiliser un robot de même que l'on passe un permis de conduire un véhicule?

Quelles règles d'emploi des robots pour les missions de police? Dans le milieu carcéral ou dans la sécurité civile? Peut-on refuser de suivre les directives d'un robot? Un robot peut-il fouiller un humain...?

Le traçage des décisions du système en mémoire est alors fondamental et il paraît souhaitable, pour les systèmes munis d'un module d'apprentissage continu, de remplacer un contrôle préalable par un contrôle régulier tout au long de l'exploitation du système. Il est également important de réfléchir à des préconisations éthiques sur l'autonomie d'apprentissage des systèmes et la manipulation possible de l'utilisateur pour modifier le système. Les systèmes actuels ont peu d'autonomie, mais dans dix ans ce ne sera plus le cas. Plusieurs questions d'éthique apparaissent : la protection des données mais aussi la compétence, l'autonomie, la justification en cas de dommages, et enfin la responsabilité des systèmes.

Il y a un débat public actuel important sur le fait de donner plus d'autonomie aux robots – robots armés, voitures autonomes... De nombreuses polémiques existent par exemple autour de l'autonomie des robots pour les applications militaires, et plus précisément des drones armés. L'article « Faut-il interdire les robots tueurs autonomes[1] ? » paru dans *Le Monde* en 2015 explique : « Des armes autonomes capables de choisir leurs cibles et de tuer pourraient rapidement remplacer les soldats sur les champs de bataille ou dans des opérations de maintien de l'ordre. Cette perspective de robots militarisés ou "robots tueurs" inquiète. Une campagne nationale lancée par des scientifiques et des ONG demande leur interdiction avant qu'une course aux armements s'engage. » « On ne peut pas mettre les lois de la guerre dans une machine. On ne peut pas y mettre la discrimination qui suppose de distinguer les civils des militaires, explique Jean-Gabriel Ganascia. Des voix s'élèvent aux Etats-Unis pour défendre l'inverse : les robots soldats seront plus éthiques que les militaires, affirme en tête le roboticien Ronald Arkin[2]. »

Leur utilisation sur les terrains opérationnels et les conflits se généralise et l'on parle de plus en plus ouvertement de leur autonomie dans un avenir à court ou moyen terme. Les robots militaires autonomes déterminent par eux-mêmes leur passage à l'acte (perception), mais les règles décisionnelles sont préécrites : les chercheurs déterminent les situations dans lesquelles il serait éthique pour des agents artificiels de tuer et veulent s'assurer qu'en toute autre circonstance ils sont incapables de le faire. Les robots militaires sont sans émotion ni intelligence, ils ne peuvent que suivre les règles. Le problème d'ordre éthique est alors

1. http://www.lemonde.fr/culture/visuel/2015/10/17/faut-il-interdire-les-robots-tueurs-autonomes_4790497_3246.html
2. http://www.liberation.fr/ecrans/2015/07/29/jean-gabriel-ganascia-on-ne-peut-pas-mettre-les-lois-de-la-guerre-dans-une-machine_1355537

détourné en problème d'ordre technique se référant aux lois de la guerre. Mais les questions majeures ne sont alors pas tant éthiques que politiques : qui décide des règles? Comment la machine va-t-elle gérer les imprévus si la perception est faite par une machine automatique? L'enjeu éthique est aussi de transférer l'acte de tuer à des dispositifs qui échappent à notre contrôle, mais qui est responsable de l'acte de tuer?

Pour l'instant, le contexte militaire se concentre autour des robots qui pourraient prendre seuls la décision de tirer. Aujourd'hui, les Etats-Unis interdisent le robot tueur, et des systèmes semi-autonomes ne peuvent pas identifier et frapper des cibles qui n'auraient pas été sélectionnées par un opérateur humain. Mais, expliquent les militaires, même à des systèmes non armés vont se poser des questions morales. Par exemple, en cas de catastrophe, un robot peut se trouver dans la position de décider qui évacuer en premier, qui traiter en premier, et donc se trouver face à un choix moral. Il est donc nécessaire que les machines soient dotées d'une sorte de raisonnement éthique qui leur permette d'agir.

En 2012, l'ONG Human Rights Watch a commencé à organiser une campagne pour mettre fin aux robots tueurs, une coalition mondiale qui comprend maintenant plus de 60 organisations non gouvernementales. La question a pris de l'importance à une vitesse étonnante, et la Convention des Nations unies a tenu plusieurs «réunions d'experts sur les Lethal Weapon Systems autonomes» en mai 2014, puis en 2015 et en 2016. La troisième réunion a conclu avec une recommandation pour former un «Groupe d'experts gouvernementaux». En attendant, les robots se développent.

Le développement des voitures autonomes ou semi-autonomes munies d'un logiciel de pilote automatique va amener leurs concepteurs à se poser des questions difficiles. Monterez-vous demain dans une voiture autonome, conduite par une intelligence artificielle? Si cela évite des accidents, sans doute. Mais si son programme est prêt à vous sacrifier en donnant un coup de volant afin d'éviter d'écraser plusieurs piétons? A cette perspective, le taux d'adhésion chute nettement.

Le dilemme du tramway[1], imaginé il y a quelques décennies par Philippa Foot, philosophe, met en scène un tramway dont les freins ont lâché en pleine descente. Il se dirige tout droit vers un groupe de cinq personnes. Vous êtes le conducteur du tramway et vous avez la possibilité, en appuyant sur un bouton, d'actionner un aiguillage qui vous conduira sur une voie parallèle sur laquelle ne se trouve qu'un seul piéton. Que faites-vous? Le dilemme confronte deux visions morales : un choix utilitariste (mieux vaut perdre une vie que cinq) et un choix moral «Tu ne tueras pas». Si vous choisissez d'appuyer sur le bouton, c'est votre action qui entraînera la mort d'une personne, tandis que si vous choisissez de ne rien faire, la mort de cinq êtres humains sera imputable à un accident. Les résultats montrent que dans neuf cas sur dix, nous faisons le choix utilitaire qui nous semble, dans ce cas, la meilleure option morale.

Les voitures autonomes proposées par Mercedes seront d'ailleurs programmées pour sauver les passagers au détriment des piétons, cyclistes ou passagers d'autres voitures. Le constructeur annonce la couleur sans faux-semblant et résout le dilemme du tramway[2] !

Le dilemme du tramway a été testé de multiples fois afin de voir s'il existait une grammaire morale

1. http://passeurdesciences.blog.lemonde.fr/2011/12/05/tueriez-vous-une-personne-pour-en-sauver-cinq

2. http://kottke.org/16/10/mercedes-solution-to-the-trolley-problem

universelle quels que soient la culture, la religion, l'éducation, l'âge et le sexe. Moral Machine[1] est une interface développée par un groupe de chercheurs du MIT Media Lab (Massachusetts Institute of Technology), et elle met en scène une dizaine de situations pour vous aider à réfléchir sur ces critères qui influent sur votre décision. Le test est également biaisé, vous êtes toujours responsable de la mort de quelqu'un, mais vous avez le choix entre plusieurs victimes. Doit-on plutôt sacrifier un passant parce qu'il traverse au rouge ? Parce que c'est un homme plutôt qu'une femme ? Qu'il est de forte corpulence ? Que c'est un adulte plutôt qu'un enfant ? L'accumulation des situations brouille la réflexion. Les premiers résultats recueillis par le jeu en ligne donnent quelques indications sur les critères retenus par une majorité de participants. Le nombre de tués est la première information clé. Ensuite, nous sacrifions plus facilement quelqu'un qui ne suit pas les lois (par exemple un voleur), puis les animaux, enfin une personne âgée qu'un enfant. Les femmes sont globalement plus préservées que les hommes.

La situation dans ce jeu est moralement biaisée puisque toute action rend son auteur partiellement responsable. Le meilleur choix éthique est de considérer qu'aucune de ces deux décisions n'est bonne. Il faut avant tout chercher à transformer le problème de telle sorte qu'il se produise le moins possible de dilemmes. Dans le cas du tramway, il faut améliorer les freins. Dans le cas de la voiture autonome, il faut éviter que des piétons puissent traverser la route comme sur une voie d'autoroute. La vraie question n'est pas « comment résoudre le chaos, mais comment l'éviter ». La nature humaine voit plus facilement les risques occasionnés

1. http://moralmachine.mit.edu

par une nouvelle technologie que ceux qu'elle permet d'écarter. C'est le cas pour les vaccins. Aujourd'hui, il y a de plus en plus de réactions contre les effets secondaires, certes très graves, des vaccins que de reconnaissance des nombreuses vies qu'ils ont sauvées et continuent de sauver, grâce aux épidémies évitées.

Les voitures autonomes peuvent, comme la vaccination, être statistiquement bénéfiques pour la population mais néfastes à une minorité de cas individuels. Sur 10 millions d'accidents par an aux Etats-Unis, 9,5 millions sont dus à une erreur humaine. Du coup, on comprend l'intérêt d'utiliser une conduite autonome, mais il est nécessaire de réglementer l'utilisation de celle-ci de façon internationale.

En février 2016, faisant suite à une lettre de Google datant de novembre 2015 sur l'interprétation des normes de sécurité, l'agence américaine National Highway Traffic Safety Administration indique que l'intelligence artificielle de la voiture de Google serait considérée comme un conducteur à part entière.

A l'inverse de Google, l'Etat de Californie considérait il y a peu de temps qu'un conducteur doté d'un permis, et des dispositifs tels que volant et commande de freins, étaient encore nécessaires pour les voitures autonomes, l'intelligence de ces véhicules n'étant pour le moment pas jugée suffisamment sûre.

La dangerosité de la conduite semi-autonome est réelle : en effet, Google s'est rendu compte que de nombreux conducteurs ne faisaient plus attention à la route en conduite autonome, alors qu'ils devraient être prêts à reprendre le contrôle en cas d'incident. Afin qu'un conducteur d'un tel système reprenne le contrôle de son véhicule dans ce cas, il faut compter entre cinq et dix-sept secondes pour réagir – beaucoup plus qu'en conduite classique.

La confiance en ces voitures autonomes n'est pas évidente. Les scientifiques estiment qu'un trafic composé uniquement de voitures totalement autonomes sera bientôt statistiquement plus sûr que le trafic actuel. Mais les usagers se déclarent davantage confiants en ces voitures pour les autres que pour eux-mêmes. Il en résulte que nous pourrions prolonger un trafic mixte, source de risques supplémentaires, au détriment de la voiture autonome pour tout le monde.

En France, la notion de robot ne fait pas l'objet d'une définition juridique précise. Les risques sont de deux ordres en cas de responsabilité propre du robot : une inégalité financière des industriels et une déresponsabilisation qui serait la pire chose car nous n'irions pas forcément trouver la cause du dysfonctionnement si la victime est dédommagée. Ensuite, il devrait y avoir des codes d'usage et probablement une législation qui obligerait au respect des annonces publicitaires et avertirait de l'utilisation appropriée.

Le danger, si on leur donnait une responsabilité juridique[1], serait aussi, d'un point de vue plus philosophique, de faire reculer le droit des humains.

Les robots sont entièrement sous notre responsabilité si nous connaissons leur fonctionnement et sommes capables de comprendre leurs comportements. Plusieurs agents sont potentiellement responsables autour des robots. Les concepteurs, entraîneurs, programmeurs déterminent leurs objectifs, soit directement, soit indirectement par l'intermédiaire des algorithmes d'intelligence artificielle ou à partir des connaissances apprises en partie grâce aux utilisateurs. On peut alors

1. A. Bensoussan, *Droit des robots, op. cit.*

parler de coresponsabilités entre concepteurs au sens large et utilisateurs.

Le livre blanc sur le droit de la robotique[1], paru en octobre 2016, explique que, bien que les régimes de responsabilité, civile et pénale, ne soient pas adaptés aux robots autonomes, la responsabilité civile de droit commun, la responsabilité du fait des choses, la responsabilité du fait des produits défectueux et la responsabilité des commettants du fait de leurs préposés peuvent s'appliquer en cas de fait dommageable causé par le robot, tout comme la responsabilité pénale en cas d'infraction commise dans le cadre de l'utilisation du robot.

Tous ces objets connectés, téléphones, robots dont on se préoccupe d'un point de vue moral, sont aussi très fragiles d'un point de vue sécurité par leur connexion à Internet. Des expériences ont montré que l'on pouvait prendre le contrôle des freins d'une voiture et les désarmer à distance, ce qui a permis de développer des solutions de sécurité ! Il est facile par exemple pour quiconque de voir votre webcam ; tous ces petits objets connectés sans aucun pare-feu sont finalement assez dangereux si on les utilise en myriades. Qu'en sera-t-il pour les robots ?

Avant d'envoyer des robots connectés en réseau au sein de la population, il faudra s'assurer qu'ils sont sécurisés et qu'ils ont un réseau interne non ouvert sur Internet pour toutes leurs fonctions vitales. L'homme doit aussi avoir la possibilité d'éteindre le robot et de le déconnecter à tout moment.

---

1. A. Bensoussan, R. Champion, *Le Livre blanc sur le droit de la robotique*, SYMOP, 2016.

5

La coévolution humain-robot

« Il est une chose dont nous avons maintenant la certitude : les robots changent la face du monde et nous mènent vers un avenir que nous ne pouvons encore clairement définir. »

Isaac Asimov, *Le Grand Livre des robots*, t. I, *Prélude à Trantor*.

Ainsi l'humain s'adaptera au robot qui s'adaptera à l'humain. Vivrons-nous avec des robots trop humains?

Les possibilités d'apprentissage des robots vont rapidement faire évoluer les relations que nous allons entretenir avec les machines. Plus nous pourrons modifier le comportement des machines en interagissant avec elles, plus nous allons nous y attacher. Plus les machines vont apprendre grâce à nous, plus l'engagement va être fort. Les humains vont projeter de plus en plus sur les robots des intentions humaines, on parle souvent d'anthropomorphisation des robots.

La question est aussi de savoir jusqu'à quel degré il faut s'inspirer d'un être humain pour concevoir un robot. La robotique de science-fiction a toujours été hantée par la confusion entre humains et robots. Il y a deux avantages aux robots humanoïdes : leur apparence anthropomorphique facilite l'interaction des humains avec les machines, et ils peuvent vivre dans les maisons et utiliser les objets des humains.

La construction des robots anthropomorphes (des humanoïdes) pose aussi un problème qui ne peut pas être laissé de côté : le phénomène de « la vallée dérangeante », que nous avons déjà présenté dans le deuxième chapitre de cette partie, sur la « robotique sociale au service de l'humain ». S'inspirant de réflexions de Freud et de sa notion d'inquiétante étrangeté, Masahiro Mori fait l'hypothèse que la ressemblance avec l'humain aura des conséquences contradictoires selon le degré où on va la pousser[1]. Au-delà d'une certaine ressemblance avec l'humain, une réaction psychologique émerge et conduit à considérer le robot non plus comme une machine merveilleuse bien qu'imparfaite, mais comme un humain imparfait et monstrueux, donc à rejeter[2]. Lorsque la ressemblance est trop proche mais n'est pas encore parfaite, le robot-androïde provoque alors une sorte d'aversion et de peur. Qu'est-ce qui nous fait peur dans les « êtres » étranges qui sont presque comme nous-mêmes ?

Pouvons-nous développer des sentiments vis-à-vis d'un robot ? Mon robot simule quand il me dit « je t'aime ». Il n'est pas capable de ressentir une émotion mais pourtant, cela peut me toucher ! Je vais lui prêter des intentions, être compatissant et pouvoir m'y attacher émotionnellement.

L'interaction affective et sociale des humains avec des robots soulève plusieurs questions qui s'ajoutent

---

1. M. B. Mathur & D. B. Reichling, « Navigating a Social World with Robot Partners », *Cognition*, 2016.
2. L. Devillers et J. Mariani, « Des robots et des hommes », Catalogue du musée des Arts et Métiers, *Et l'homme créa le robot*, 2012.

aux questions générales de respect de la vie privée et de protection contre des actes malveillants, notamment sur l'étude des effets. Les robots seront dotés d'une autonomie croissance. La confiance que l'on peut placer dans un robot, les possibilités et limites de celui-ci et du couple qu'il forme avec l'utilisateur sont autant de sujets importants. Les préconisations publiées dans le rapport de la CERNA sur l'éthique du chercheur en robotique[1] portaient sur trois thèmes : l'imitation du vivant et l'interaction affective et sociale avec les humains, l'autonomie et les capacités décisionnelles, ainsi que la réparation et l'augmentation de l'homme par la machine.

Peu d'expériences ont été menées sur l'étude des usages à long terme. Il faut être prudent dans la communication sur les capacités émotionnelles des robots et sur l'imitation du vivant : l'expression des émotions est un leurre, mais l'imitation du vivant peut amener, volontairement ou pas, à prêter à l'artefact des caractéristiques du vivant.

Les questions posées portent sur les conséquences d'un éventuel attachement aux robots, la dépendance aux machines au détriment de contacts humains ou encore sur les capacités de socialisation. Travailler sur les expériences d'usage avec des chercheurs ayant des compétences pluridisciplinaires est nécessaire.

La réflexion éthique porte donc à la fois sur les risques d'acquisition de connaissances autonomes et de non-respect de la vie privée, mais aussi sur les risques que les humains confondent robots et êtres vivants. Les fantasmes sont attisés par les médias et la science-fiction ;

1. http://cerna-ethics-allistene.org/digitalAssets/38/38704_Avis_robotique_livret.pdf. A. Grinbaum, R. Chatila, L. Devillers, J.-G. Ganascia, C. Tessier, M. Dauchet « Ethics in robotics research : CERNA recommendations », *IEEE Robotics and Automation Magazine*, 2014.

on projette de la souffrance chez les robots lorsqu'on voit un humain pousser un robot jusqu'à le faire tomber.

Il est important de se préoccuper de l'impact sur les individus et la société de systèmes autonomes capables de percevoir, de modéliser et d'exhiber un comportement affectif comme des émotions, des humeurs, les attitudes et une personnalité. Des robots affectifs sont actuellement développés pour des domaines aussi divers que la réadaptation, la santé des personnes âgées ou des enfants, le divertissement et le bien-être. L'éthique se préoccupe de l'attachement de l'humain aux machines et de son impact global sur le tissu social qui peut être profond et est crucial et aide à comprendre ce que les systèmes autonomes affectifs peuvent nous apporter de bien en fournissant des solutions qui augmentent le bien-être de l'être humain en lien avec l'innovation.

Pour expliquer les différences, il faut distinguer l'intelligence artificielle de l'intelligence humaine en utilisant d'autres termes dans le langage, et chercher à relativiser ces notions.

Les robots et autres machines, construits pour imiter les apparences de l'humain, son comportement et ses émotions, présentent un défi en termes de design éthique. Une autre préoccupation vient du fait que l'expression de l'affect est très différente des émotions humaines.

Ce nouveau paradigme provoquera sans doute un changement des relations entre l'homme et les objets techniques. Si les objet techniques sont capables d'interactions avec les humains, alors ils peuvent être perçus comme « chaleureux ». L'homme en tant qu'être social projette sur tous les objets des intentions, il peut commencer à voir de plus en plus dans ceux-ci une sorte de « conscience-machine ». Il est essentiel d'éviter les confusions et de répéter que ces machines ne font que simuler et n'auront pour « conscience » qu'une mémorisation des interactions et du contexte.

Ainsi, le défi posé devant la communauté scientifique actuelle en intelligence artificielle n'est-il pas seulement la construction des machines autonomes au sens technique, mais aussi l'incorporation dans celles-ci de mécanismes garantissant des capacités cognitives telles que : le comportement social et émotionnel, le jugement moral, l'intentionnalité, afin que les machines puissent s'adapter socialement.

Le thème de l'émergence d'une conscience artificielle est récurrent en science-fiction, par exemple dans *Ex Machina*, dans la série suédoise *Real Humans*, mais aussi dans la série américaine plus récente *Westworld*. *Westworld* est un parc d'attractions futuriste, peuplé d'androïdes appelés les « hôtes », réinitialisés à la fin de chaque histoire. Outre le fait que les touristes vivent des expériences du Far West – attaques, viols, meurtres, bagarres – et donnent libre cours à leurs pulsions et fantasmes, les hôtes robots deviennent de plus en plus étranges au fur et à mesure de leurs réinitialisations. Ils sont tués, violés, cassés, puis remis à neuf pour le prochain jeu. Toute l'intrigue du film est liée au fait que les hôtes pourraient devenir conscients à cause de bugs de réinitialisation qui permettraient l'émergence d'une sorte de conscience d'un passé qui donne aux robots des comportements étranges. Les roboticiens du parc d'attractions vérifient l'intériorité des robots lors d'interrogatoires à différents niveaux de conscience. Ils activent différents registres de la mémoire et « conscience » des robots par des mots-clés comme « analyse ». On pourrait dire que cette série montre aussi la naissance de la conscience chez les machines et qu'elle réactive le mythe de Frankenstein.

L'objectif de notre travail consiste dans l'élaboration d'un cadre de réflexion philosophique sur les interactions sociales hommes-machines. Nos relations avec les machines à l'époque actuelle prennent de nouvelles formes, moins formelles, plus affectives et plus sociales, ce qui exige la construction d'un nouveau paradigme de leur perception. L'originalité de la démarche que nous entreprenons dans ce travail consiste dans la réévaluation de la place des robots en tant qu'agents moraux et sociaux dans la vie des humains. Nous nous interrogeons sur la possibilité et les limites des relations sociales avec les machines.

L'affectivité désigne la faculté d'éprouver des émotions. La ressemblance avec un être humain ou un animal, les mimiques faciales, le ton de voix, ou encore l'aspect enfantin ou de peluche de certains robots contribuent à susciter l'émotion. Cependant, il est possible d'éprouver des émotions en face de n'importe quel objet.

L'humain projette des relations affectives avec des robots non humanoïdes, dépourvus de capacités affectives comme des robots téléguidés démineurs qui sauvent des soldats, ou encore des robots aspirateurs. L'attachement est un lien affectif qui résulte de l'attention de l'autre et qui tisse un lien intime entre l'individu et l'objet de son attention. Ainsi il est relaté des histoires de soldats donnant des médailles à leur robot pour leur avoir sauvé la vie et, comme nous l'avons déjà dit, de consommateurs ramenant leur robot pour réparation refusant un échange avec un robot neuf sous prétexte qu'il connaît leur lieu de vie. Certains leur donnent des noms, preuve que l'humain projette une identité sur le robot.

Il ne faut pas être victime de machines qui apprennent sans contrôle, mais il est aussi nécessaire de faire comprendre aux humains qu'ils vont projeter des intentions sur ces machines. L'homme a tendance à surévaluer les capacités du robot et à lui prêter des intentions qu'il n'a pas, surtout lorsqu'on lui donne des capacités langagières, émotionnelles et empathiques.

Ainsi, il est nécessaire aussi de considérer l'attribution d'intelligence et de conscience à la machine comme une projection des caractéristiques psychologiques humaines sur les objets techniques capables de les imiter. Cette question est de la même nature que le problème de la conscience d'autrui. J'ai déjà évoqué l'importance de ce qu'on appelle «la théorie de l'esprit», un mécanisme cognitif qui permet de postuler la présence des états mentaux humains en d'autres systèmes, qu'ils soient vivants ou non vivants.

Les interactions hommes-machines sont fondées avant tout sur la simulation cognitive interne des états mentaux d'autrui, dont la preuve d'existence peut être trouvée, entre autres, dans les travaux de Rizzolatti et Sinigaglia[1], qui révèlent que les neurones miroirs s'activent lorsqu'on effectue une action mais aussi lorsqu'on voit quelqu'un d'autre la réaliser lui-même.

L'adaptabilité que procure l'apprentissage machine peut accroître l'empathie des humains vis-à-vis des robots. Ainsi l'humain s'adaptera au robot qui s'adaptera à l'humain. Il est possible que, à la longue, le discours humain et même sa pensée soient façonnés par le discours des robots. Certains auteurs comme Nick Bostrom émettent l'hypothèse que les phénomènes que nous appelons «pensée» et attribuons au cerveau seraient indépendants de leur support et qu'il existerait, par conséquent, perméabilité complète entre le cerveau et ses simulations numériques, ces dernières pouvant

1. G. Rizzolatti et C. Sinigaglia, *Les Neurones miroirs*, Odile Jacob, 2008.

vite dépasser nos propres capacités. Sans adhérer à ces hypothèses, actuellement non testables, l'impact des situations d'adaptation réciproques mérite d'être étudié, d'autant plus que les situations estompent la frontière perceptible entre l'humain et l'artificiel comme dans le cas des chatbots. Des principes généraux imposant par exemple de distinguer les agents artificiels pourraient être envisagés.

Pour comprendre les risques spécifiques liés aux particularités d'un robot social, rappelons qu'il s'agit d'un système caractérisé par trois composantes en interaction :

- il recueille des données grâce à ses capteurs,
- il les interprète grâce à ses programmes,
- et il agit sur son environnement.

Nous en avons ajouté d'autres, liées à l'apparence du robot et sa capacité à interagir :

- il peut avoir une apparence anthropomorphe,
- il peut être doué de diverses capacités d'apprentissage (par renforcement, imitation ou connexion avec d'autres robots),
- et enfin, il peut être doté d'empathie artificielle et d'émotions artificielles.

L'action sur l'environnement peut être physique, comme les robots dans les chaînes de montage; elle peut être informatique, comme avec les robots traders qui envoient des opérations boursières; enfin, elle peut être informatique et affective lorsqu'un robot utilise des stratégies émotionnelles, comme c'est le cas avec les robots assistants Nao, Paro, Pepper et Romeo destinés aux personnes âgées.

L'homme possède une capacité particulière à se projeter, il le fait dès l'enfance avec ses peluches et ses jeux. Chez l'enfant, l'empathie affective apparaît à un an, l'empathie cognitive apparaît plus tard, vers quatre ans et demi. Une empathie plus « mature », incluant le sens de la réciprocité et permettant la construction du sens moral et de la justice, est présente entre huit et douze ans. L'empathie artificielle ne concerne jusqu'à maintenant que l'empathie affective et l'empathie cognitive. Il s'agit de la capacité d'un robot d'identifier les émotions de ses interlocuteurs humains, de raisonner à partir des émotions détectées et de générer des émotions par l'expressivité faciale, les gestes, les postures et l'expressivité acoustique.

Les troubles de comportement face aux robots sont étudiés en psychologie et en psychiatrie. Serge Tisseron, psychiatre, décrit certains de ces risques dans son livre, *Le jour où mon robot m'aimera*[1]. Kate Darling, chercheuse au Media lab du MIT, étudie les réactions empathiques des personnes devant des robots, notamment en cas de maltraitances de ces derniers[2], avec l'idée qu'il faudrait leur accorder une protection juridique, comme on l'a fait pour les animaux. Pourtant, les animaux sont des organismes vivants qui peuvent ressentir des émotions et souffrir, ce qui n'est absolument pas le cas des robots qui ne font que simuler des émotions.

La vie au quotidien avec des robots pourrait entraîner des risques sociaux à long terme qu'il faut anticiper. L'addiction et l'isolement, ainsi que le report d'autonomie sur la machine, la confusion entre la machine et l'humain sont des déviances dont il faut se préoccuper.

Un des risques, particulièrement pour les personnes fragiles, est d'oublier qu'un robot est connecté et

---

1. S. Tisseron, *Le jour où mon robot m'aimera, op. cit.*
2. K. Darling, *Faut-il accorder une protection juridique aux robots de compagnie?*, dans le livre d'A. Bensoussan, Y. Constantinidès, K. Darling, J.-G. Ganascia et O. Tesquet, *op. cit.*

programmé. Sa capacité à s'adapter parfaitement à son propriétaire pourrait bien être utilisée pour lui faire accomplir certains choix plutôt que d'autres, notamment pour l'aider à mieux gérer ses déviances de comportements (pathologie sexuelle, addiction à la drogue), mais aussi pour des causes moins louables dans le domaine de la consommation.

Un autre risque est d'oublier qu'un robot ne ressent rien, n'a pas d'émotion, n'a pas de conscience et n'est pas vivant. Il est possible de ressentir de l'empathie pour un robot et de parler de souffrance le concernant. Il est important que les personnes âgées qui peuvent mettre leur vie en danger pour venir en aide à leur robot se rendent compte qu'un robot ne souffre pas même s'il tombe, il faut qu'elles soient conscientes que ce n'est qu'un objet programmé.

La « Media Equation » de Reeves et Nass[1], en 1996, explique que nous appliquons les mêmes attentes sociales lorsque nous communiquons avec des entités artificielles et que nous assignons inconsciemment à celles-ci des règles d'interaction sociale. L'anthropomorphisme est l'attribution des caractéristiques comportementales ou morphologiques de vie humaine à des objets. Avec ce réflexe, inné et socialement appris, un objet qui semble être dans la douleur peut inspirer de l'empathie. La projection de réactions affectives et probablement empathiques envers des entités artificielles a été démontrée avec des robots jouets volontairement endommagés.

Les chercheurs ont constaté que les humains ressentaient de l'empathie envers des robots maltraités, certes de moindre intensité qu'envers des humains

1. B. Reeves et C. Nass, *The Media Equation*, Cambridge University Press, 1996.

maltraités, mais cette empathie n'existe pas envers des objets inanimés. Les recherches récentes grâce à l'imagerie cérébrale indiquent que les individus répondent dc façon étonnamment semblable aux images émotionnelles des humains et à celles des entités artificielles. Si nous représentons les entités artificielles comme des humains, alors il n'est peut-être pas surprenant que nous réagissions avec émotion aux agents artificiels comme nous réagissons aux humains, cependant il n'est pas clair que des représentations de même complexité soient attribuées aux robots.

Quand Paro, le robot phoque, est utilisé en EHPAD auprès de personnes âgées, on pourrait penser qu'il y a duperie, que les gens sont trompés, mais c'est en règle générale faux. Lors de nos tests dans ces établissements avec le robot Nao, les personnes âgées que nous avons rencontrées (une bonne cinquantaine dont la moyenne d'âge est de quatre-vingt-cinq ans), qui n'étaient pas sous tutelle, n'ont pas été dupées par le robot, les réactions étaient « on sait très bien que ce n'est pas vrai, mais c'est un objet qui questionne ». Beaucoup d'humour a été utilisé aussi pour parler de Nao et beaucoup de curiosité montrée quant à ses capacités.

Un enfant de deux ans sait que son doudou n'est pas vivant, et pourtant il lui parle comme s'il l'était. Les psychologues parlent des poupées et doudous comme d'objets transitionnels. L'objet transitionnel est donc un objet privilégié, choisi par l'enfant, généralement doux au toucher. Il permet au bébé de lutter contre l'angoisse. Il est la première possession. Il n'est perçu ni comme faisant partie de la mère, ni comme étant un objet intérieur. Il permet le cheminement de l'enfant du subjectif vers l'objectif. Paro, le robot en peluche, peut être vu comme un objet transitionnel.

Les Nao, Pepper, Romeo sont des objets sociaux qui peuvent être aussi des miroirs de nos émotions. Récemment, un joueur de go qui a entraîné AlphaGo, l'ordinateur ayant gagné au jeu de go contre Lee Sedol, m'a expliqué que jouer contre une machine c'était un peu jouer contre soi-même, car on projetait ses craintes, ses émotions sur la machine, qui les renvoyait comme un miroir.

Les robots sociaux sont également avant tout des objets techniques qui enregistrent nos données pour les transférer par exemple à un médecin. Les robots assistants de vie s'insèrent aussi dans un écosystème qui comprend de nombreux acteurs : la famille, les aides-soignants, les médecins.

Enfin, on pourrait à l'extrême craindre que certaines personnes préfèrent la compagnie des robots à celle des humains si ceux-ci sont toujours bienveillants, aimables et aimants. La compagnie des robots pourrait nous rendre moins tolérants aux humains qui ne sont pas toujours patients et d'humeur égale.

Il est nécessaire que la personne soit au courant des mécanismes du robot, de ses capacités de simulation des émotions, et que leurs interactions soient surveillées dans le cas de population à risques (personnes fragiles, sous contrôle médical). Il serait souhaitable de ne pas brouiller les pistes entre le vivant et l'artificiel, et utile de développer des robots qui favorisent l'humanisation de chacun d'entre nous et la création des liens entre les humains et les robots.

Il est important d'être au courant des capacités des robots lorsqu'on interagit avec eux, notamment s'ils sont capables de manipulations émotionnelles. Il a été démontré que même lorsque la personne est au courant des capacités de manipulation du robot, l'efficacité du système n'est pas réduite.

6

Les frontières de l'inconnu

« Qu'est-ce que la beauté, ou la charité, ou l'art, ou l'amour, ou Dieu ? Nous piétinerons éternellement aux frontières de l'Inconnu, cherchant à comprendre ce qui restera toujours incompréhensible. Et c'est précisément cela qui fait de nous des hommes. »

Isaac Asimov, *Le Cycle des robots*, t. 1, *Les Cavernes d'acier*.

Faut-il considérer les réactions du public comme « irrationnelles » ? Comment se distribuent les opinions au sein de la société ?

Les deux extrêmes que sont le fantasme du transhumanisme et la peur irrationnelle des robots en Occident poussent à des volontés de régulation et aux principes de précaution.

Les robots fascinent et cristallisent les peurs avec l'angoisse d'être un jour dominés, voire supplantés par eux. Pourquoi se stresser sans connaître ? Apprenons le fonctionnement de ces robots, apprenons ce qui nous fait peur et les mythes de notre société, libérons notre cerveau ! Il paraît que nous l'utilisons fort mal[1].

Nous l'avons toujours entendu dire : « Les neurones de notre cerveau sont en nombre limité, ils ne se renouvellent pas, et à partir de l'âge adulte nous en perdons chaque jour, irrémédiablement, des quantités. Nous croyons encore presque tous qu'il en est ainsi, car tel fut, durant des décennies, le dogme scientifique. Aujourd'hui, voilà une connaissance périmée[2]. » A l'Institut Pasteur, le neurobiologiste Pierre-Marie Lledo a révélé que notre cerveau contient une fontaine de jouvence sous la forme de cellules-souches et que de nouveaux neurones peuvent se créer chaque jour. La découverte des neurones-souches dans le cerveau vient de la recherche de ce neurobiologiste sur le souvenir des odeurs. Il découvre en 2003 que cette qualité de la mémoire olfactive est due à l'arrivée en permanence de nouveaux neurones vers le cortex olfactif.

Chacun de nous aurait ce potentiel, quel que soit son âge, sauf que cela dépend de notre environnement et de notre comportement. Pierre-Marie Lledo a livré six principes à respecter lors de S3Odéon[3] 2016 pour conserver un cerveau jeune jusqu'à la fin de ses jours ; l'un d'eux est d'éviter le stress inutile et un autre est d'apprendre toute sa vie.

« S'il y a singularité de l'homme, c'est dans l'organisation. A un moment donné, l'*Homo sapiens* a été capable de se projeter et de réfléchir, en tant qu'individu ou en tant qu'organisme, dans le collectif. Et ça, c'est le propre de l'être humain : avoir cette projection du soi, d'abord, puis de la collectivité, et enfin de l'axe du

---

1. I. Aberkane, *Libérez votre cerveau !*, *op. cit.*
2. http://www.cles.com/enquetes/article/j-ai-decouvert-la-fontaine-de-jouvence-de-nos-neurones
3. http://www.youtube.com/watch?v=RmgGhPX.mYO

temps. Une des caractéristiques du fonctionnement humain, c'est toujours la projection, la projection dans le futur», explique Pierre-Marie Lledo dans l'article précédemment cité sur les cellules-souches. Les machines sont bien loin de s'organiser en se projetant dans une collectivité !

La peur et les fantasmes naissent aussi des prédictions venant de grands scientifiques ou du courant transhumaniste dont les médias se font l'écho. Nos peurs se nourrissent certes des mythes, fictions et déclarations dans la presse, mais surtout d'une méconnaissance fondamentale des avancées de la technologie.

La majorité des personnes ne font pas de différence entre les récents progrès en intelligence artificielle et l'énorme complexité nécessaire pour l'élaboration d'un robot socialement intelligent. Il est donc urgent d'expliquer dans la société le fonctionnement de ces machines.

En 2015, la robotisation devient un véritable sujet de politique économique. Entre cobotique (coopération entre la machine et l'homme) et robolution (robot révolution), les robots suscitent espoir et appréhension. Le cinéma nous a habitués aux fictions robotiques, mais l'imaginaire collectif est pourtant bien loin de concevoir ces machines intelligentes dans notre quotidien demain et de percevoir leur immense potentiel.

Les prouesses et risques de l'intelligence artificielle et de la robotique sont constamment mis en avant dans nos médias. La réalité a plusieurs facettes : des facettes positives, car des réalisations utilisant ces techniques permettent maintenant la mise au point de prothèses qui pallient des handicaps importants comme la cécité, la tétraplégie; des robots comme le phoque Paro sont également utilisés pour stimuler cognitivement et émotionnellement des patients atteints de pathologies dégénératives ; et des facettes négatives, car certains y voient une perte de notre humanité par le risque de créer un homme augmenté qui ne sera plus humain[1]. Par exemple, des sujets non voyants, suite à la destruction de leurs photorécepteurs par la maladie, ont pu revoir grâce à des implants. Le fonctionnement de ces implants est simple. Installés sur la rétine des patients, les capteurs transmettent au cerveau les images enregistrées par une caméra miniature placée dans la paire de lunettes que les patients doivent porter en permanence. Le cerveau se chargera ensuite de transformer le signal électronique reçu en une image.

Où trouver la frontière entre la prothèse qui procède à la réparation d'une déficience et l'hybridation entre humain et robot qui augmente les potentialités de l'individu ? Les transhumanistes parlent de recopier notre cerveau sur un robot afin de vivre éternellement !

Voilà pourquoi nous sommes si nerveux quand on nous parle de robots demain à nos côtés ! L'arrivée des robots personnels dans la société nous perturbe. Certes, nous sommes déjà entourés et dépendants de centaines de machines : les voitures, téléphones, téléviseurs, ordinateurs, robots ménagers ou autres appareils plus ou moins sophistiqués. Nous les avons intégrés dans notre quotidien en décidant qu'ils étaient fiables, sécurisés et utiles pour nous. Nos enfants qui n'imaginent pas un monde sans Internet auront sûrement une vision différente de l'arrivée de ces machines et y verront plus naturellement une réelle complémentarité.

Chaque technologie transforme notre mode de pensée et notre perception du monde. Il faut se projeter dans cet inconnu et comprendre les vrais enjeux. L'interconnexion de tous les systèmes informatiques,

1. J.-M. Besnier, *L'Homme simplifié*, Fayard, 2012.

le partage de nos données sur Internet et la vie en coévolution avec des machines amènent un grand nombre de prédicateurs à tenir des propos très angoissants sur un avenir fantasmé. Les sujets très controversés repris dans les médias, comme les robots tueurs, les robots sexuels et les voitures autonomes, sont également anxiogènes.

Il est important que nous apprenions à vivre avec ces nouvelles machines en comprenant *comment elles marchent*. Tout le monde ne deviendra pas informaticien, roboticien et chercheur en intelligence artificielle, mais il est important d'expliquer les grands principes des robots et de lever le voile sur l'inconnu, source d'angoisse. La communication et la pédagogie dans les écoles sont nécessaires pour mettre en place une meilleure connaissance de la façon dont marchent ces machines, leurs potentiels, et pour instaurer une confiance avec elles.

Sept peurs sont souvent invoquées quand on parle des robots :

1. le piratage et la prise de contrôle,
2. l'intelligence artificielle embarquée qui prendrait le pouvoir sur l'homme,
3. la surveillance en continu et le recueil de nos données qui nous enlèveraient notre liberté et notre identité,
4. la déshumanisation et le fait que les robots nous rendraient incapables d'avoir une relation socialement équilibrée avec des hommes,
5. l'utilisation des robots autonomes comme armes létales : la guerre des robots,
6. le clivage dans la société entre ceux qui auront accès à cette technologie et ceux qui n'y auront pas accès,
7. et enfin, le remplacement des hommes par des

robots dans de nombreux métiers, qui nous mettrait au chômage.

Ces points invoqués autour de la peur nécessitent une réflexion et une construction éthique et sécurisée des machines avec lesquelles nous souhaitons vivre.

La peur du piratage de la machine

Outre les problèmes de sécurité des données personnelles collectées par les robots, il va se poser de véritables problèmes de sécurité dans ces machines que sont les robots et les voitures autonomes. Ce problème est complexe à résoudre parce qu'on doit prouver qu'un système marche contre un ennemi indéfini.

Gérard Berry, spécialiste de sécurité informatique, professeur au Collège de France, membre de l'Académie des sciences et de l'Académie des technologies, pose ainsi le problème : « La sécurité informatique consiste à montrer qu'un truc marche contre un ennemi dont on ne connaît pas les armes. [...] Toute attaque est imaginable, mais il faut la rendre trop chère. Un système est sûr non pas quand il est inattaquable – ce qui est théoriquement impossible –, mais quand ça coûte trop cher de l'attaquer[1]. » On peut pirater (« hacker ») un robot et même un réseau de robots, qui peut alors complètement changer de comportement.

Avant d'envoyer des robots connectés en réseau au sein de la population, il faudra s'assurer qu'ils sont sécurisés, qu'ils ne sont pas « hackables », il faut qu'ils aient un réseau interne non ouvert sur Internet... Par exemple, la voiture automatique qui est annoncée pourrait être piratée par un groupe de terroristes. Une

1. http://tempsreel.nouvelobs.com/rue89/rue89-le-grand-entretien/20160826.RUE7684/gerard-berry-l-ordinateur-est-completement-con.html

solution serait d'avoir un système en réseau fermé pour toutes les fonctions vitales et un cryptage des données qui vont sur le *cloud*.

La super-intelligence des machines

C'est de la science-fiction ! Si le point de singularité existe et que la conscience émerge, que la machine reçoive des instructions pour s'améliorer elle-même ou encore qu'elle prenne elle-même la décision de s'améliorer, alors la porte est ouverte à tous les scénarios. Mais cette situation avec l'architecture actuelle des machines est quasi impossible. On devrait se poser bien d'autres questions sur des sujets qui deviennent dangereux : la manipulation génétique ; la bio-ingénierie (avec ceux qui considèrent qu'au niveau nanotechnologique, on peut reprogrammer tout ça) ; l'hybridation (avec ceux qui pensent à des cyborgs, voire à des connexions entre le cerveau et les réseaux informatiques). L'intelligence actuelle des machines est déjà très préoccupante, les annonces fracassantes sur leur suprématie ne doivent pas masquer les problèmes éthiques déjà présents.

La surveillance en continu

Demain, les robots personnels vont vivre avec nous « en famille » et nous allons développer avec eux une certaine intimité. Ils seront doués d'autonomie, capables de prendre des décisions et d'apprendre à notre contact. S'ils interagissent avec les humains, il est nécessaire alors qu'ils apprennent aussi les règles, les coutumes, les lois et les valeurs de la société pour pouvoir évoluer dans notre monde. Ils devront décider de la meilleure chose à faire en temps réel dans un contexte donné.

Ces systèmes ont le potentiel de nous assister pour notre plus grand bien-être mais peuvent également nous créer de nouveaux problèmes. Nous devons nous protéger contre des machines «non adaptées» à l'homme. Il est fondamental que les robots prennent des décisions dans l'alignement des valeurs humaines et en suivant des principes éthiques. L'éthique des robots se définit comme une réflexion fondamentale sur les règles morales, les limites et les devoirs qui doivent les animer. La régulation est ensuite de mettre en œuvre des outils juridiques qui permettent de garantir ces principes.

La déshumanisation

Il y a plusieurs risques dans l'interaction avec des machines : oublier que la machine est programmée par un humain, oublier qu'elle n'a ni émotions, ni conscience, et oublier que les humains ne sont pas des machines. Il pourrait être souhaitable de préférer des robots dans des domaines spécifiques en évitant de brouiller les frontières entre les hommes et les machines. Nous devons étudier ces risques et essayer de les prévenir.

Pour la plupart des hommes, rencontrer la fille de leurs rêves prend du temps, mais une entreprise peut offrir de la déposer devant votre porte en quelques jours. Malheureusement, elle sera faite de silicone. Le marché des poupées de taille humaine qui ne sont pas des objets sexuels existe également. Les Japonais peuvent faire des simulacres de mariage avec celles-ci. Pour l'instant, il s'agit plus de poupées que de robots sexuels, mais elles seront bientôt capables de percevoir et de réagir. Le marché de la poupée sexuelle, les *love dolls*, poupées d'amour en silicone, est en pleine émergence au Japon. Les robots sexuels pourraient faire leur apparition sur notre marché en 2025. Il faut anticiper l'impact sur la personne, la famille et la société. On ne pourra pas interdire mais on pourra faire en sorte que les clients potentiels n'aient pas envie de l'acheter.

L'utilisation des robots autonomes comme armes létales pour les militaires et comme surveillants dans la société

Les réflexions sont en cours sur ce sujet dans tous les pays industrialisés. Les drones seront bientôt utilisés par des policiers. Des robots surveillent la bande de Gaza. Le Guardium[1], véhicule sans pilote, est un système autonome d'observation et d'interception, développé et fabriqué en Israël, qui patrouille le long de la frontière avec Gaza.

Le clivage dans la société

Est-ce que tout le monde aura accès à cette technologie ? Le sens d'accès est double et pose la question des moyens financiers et de l'accès à la connaissance. Comment éviter ce clivage est un problème politique d'éducation et de répartition des ressources dans la société.

Le travail fait par les robots

On entend beaucoup parler de robots qui remplaceraient l'homme et de cobotique – collaboration entre

1. https://tsahal.fr/2012/09/11/technologie-et-securite-les-robots-qui-protegent-la-frontiere-avec-gaza

humain et robots ! Les robots industriels, déployés sur des sites de production suivant des protocoles très stricts d'action et d'interaction, ont déjà supprimé des emplois. Les travaux qui ont été automatisés étaient jusqu'à présent postés, non qualifiés et répétitifs. Le caractère de qualification n'est plus discriminant. Certains métiers nécessitent une expertise longue et difficile à acquérir pour une activité répétitive ; ces métiers sont automatisables. Les effectifs à Wall Street sont passés en quelques années de 150 000 à moins de 100 000. Plus de 40 % des transactions sur les principales places financières européennes sont réalisées par des algorithmes d'HTF (le trading à haute fréquence). Les ordres sont passés à une vitesse inatteignable par l'humain. Cependant, il y a des risques : pendant l'après-midi du 6 mai 2010, le Dow Jones Industrial Average (DJIA) a plongé de 800 points en moins de vingt minutes avant de récupérer la plupart de ses pertes.

Nous devons être précis sur les capacités des robots : que seront-ils capables de faire ? Comment le robot explique-t-il ses intentions, ses capacités à son partenaire humain ? Est-ce qu'il est fiable, doit-il demander aux humains une confirmation avant de décider d'une action par lui-même ?

L'équation devrait être que les métiers nécessitant empathie, variabilité et créativité restent le lot des humains et que les métiers pénibles, dangereux et répétitifs seraient remplacés par des machines. Le fait que certains soient remplacés par des robots n'est pas lié au fait qu'ils soient des métiers manuels ou intellectuels, ni au nombre d'années d'études. Les deux types de métiers, manuels ou intellectuels, seront impactés. Le métier de plombier, par exemple, est un métier où il faut s'adapter sans arrêt, il sera difficile de le remplacer par un robot tant que la maison ne sera pas intelligente. Le diagnostic des maladies à partir de radios ou d'images médicales[1] devrait être pris en charge par une intelligence artificielle mais ce diagnostic sera vérifié par le médecin.

Des robots ayant une certaine autonomie et intelligence pourraient un jour nous remplacer dans nombre de postes, et il faut anticiper ce changement dans la société.

Le transport sans chauffeur est une des premières applications, les premières voitures autonomes en sont la preuve. Navya, une navette autonome française, est déjà utilisée dans de nombreux contextes. Tesla a déjà annoncé la mise en service de plus de 500 000 véhicules dans le monde avant 2020. A titre d'exemple, les conducteurs de camions (*self driving trucks*) qui commencent à apparaître et qui pourraient se généraliser d'ici 2025 mettent en danger directement ou indirectement plus de 5,5 millions d'emplois rien qu'aux Etats-Unis.

Construire des compagnons artificiels nous oblige à nous poser des questions sur le vivre-ensemble et l'humanité. Le sujet le plus angoissant est notre degré de *remplaçabilité* par un robot. Une étude d'Osborne et Frey (Oxford, septembre 2013) fait état de l'automatisation potentielle de 47 % des emplois d'ici vingt ans. Une étude du cabinet R. Berger en 2014 prévoyait que plus de 40 % de nos emplois pourraient être préemptés par des machines à l'horizon 2025. Les pronostics pour le Japon sont de penser qu'un emploi sur deux serait occupé par un robot à l'horizon 2035.

Quelles sont les transformations possibles de notre société ? C'est à nous, concepteurs de ces machines,

1. http://www.em-consulte.com/article/195488/algorithme-pour-le-diagnostic-clinique

mais aussi à toute la société de réfléchir à ces différents points en travaillant de façon pluridisciplinaire avec des psychologues, sociologues, anthropologues, éthologues, philosophes, linguistes, et en questionnant les usages.

La valeur du travail des humains est à réinventer. Le travail sera distribué entre machines et humains. Pour les humains, il s'agira plus souvent de surveiller, de réparer, de réentraîner, d'éduquer les machines que de faire le travail soi-même. De nouveaux métiers vont émerger : concepteur, entraîneur, vérificateur, éducateur, évaluateur de l'intelligence artificielle et des robots.

La science nous aide à repousser les frontières de l'inconnu ; d'une certaine façon, elle fait peur et fascine. Nous cherchons à comprendre, nous cherchons à organiser les connaissances et à les partager dans la société, et c'est nous, humains, qui organiserons le travail avec les machines.

7

Les mutations de la société

« La connaissance scientifique possède en quelque sorte des propriétés fractales : nous aurons beau accroître notre savoir, le reste – si infime soit-il – sera toujours aussi infiniment complexe que l'ensemble de départ. »

Isaac Asimov, *Moi Asimov*.

L'arrivée des robots dans la société amène une rupture technologique, économique, sociétale et juridique.

Concevoir cet univers où les humains cohabiteront avec des entités complexes autonomes va devenir une réalité : diverses formes d'animation et de vie artificielle investiront ces objets matériels avec lesquels nous allons interagir. De fait, la question de l'utilité et de la pertinence des systèmes robotiques doit toujours se poser, à plus forte raison si ces machines doivent être placées auprès d'enfants ou de personnes fragiles. Il importe également de savoir si nous sommes prêts à accepter des robots capables de simuler des émotions ; et si nous pourrons un jour nous attacher à des machines affectives comme nous nous attachons à un animal domestique. Dans ce cas, quels statuts auront ces artefacts dans nos sociétés? Autant de questions qu'il faudra bien se poser afin de préparer la société à vivre avec ces machines autonomes.

La rupture technologique est en marche depuis maintenant plusieurs années. La science tend à déplacer la frontière entre le naturel et l'artificiel, les robots sont de plus en plus sophistiqués et proches du comportement de l'homme, et ils parlent le langage humain. Le robot peut être conçu pour imiter l'homme mais, pour autant, il ne fera que simuler une conscience et des émotions artificielles. L'homme ne peut être réduit à une machine car toutes ses actions ne sont pas représentables et calculables sur machine.

Si la capacité de calcul de nos smartphones dépasse la nôtre depuis bien longtemps, ils ne sont pas pour autant très intelligents. L'intelligence ne se résume pas à des calculs. Les robots peuvent nous remplacer pour certaines tâches mais ils sont loin d'être capables de nous égaler dans la plupart des tâches de la vie quotidienne.

Les systèmes informatiques qui comprennent des modèles empathiques et sont capables d'interactions affectives avec les humains amènent à réfléchir à des règles éthiques sur l'attachement et l'intimité avec les machines, tout particulièrement pour des personnes vulnérables (personnes âgées, enfants). Une coévolution humain-machine sera possible, la machine s'adaptera à l'humain et l'humain à la machine. Comment surveiller l'interaction avec ces systèmes : les connaissances apprises, le respect de l'intimité de la personne? Faut-il prévoir une réglementation juridique? «La coévolution humain-machine donnera vraisemblablement naissance à de nouvelles formes relationnelles qui auront leurs caractéristiques et leur phénoménologie propres[1]. » Cette perspective soulève de nombreuses questions éthiques, comme nous l'avons vu à travers cet ouvrage, mais également des questions politiques.

L'initiative mondiale à laquelle je participe cherche à informer et à influencer les gouvernements politiques, les membres des conseils d'entreprise, les cadres dirigeants, les agences internationales et les centres universitaires. La première version de la charte est disponible sur Internet depuis décembre 2016. Les travaux d'analyse, de réflexion pour la version 2 sont en cours. L'étude prospective sur « la stratégie en intelligence artificielle pour la France » devrait permettre à nos dirigeants de construire une vision sur l'intelligence artificielle et la robotique avec des préconisations éthiques, des outils de mesure, des lois juridiques, et des initiatives d'éducation et de formation continue.

Nous aurons besoin de réguler l'apprentissage de la machine sur le long terme, de lui donner des règles morales et sociales, comme lorsqu'on éduque un enfant. Il faut contrôler l'interaction avec les robots pour leur faire confiance. La confiance s'acquiert avec le temps, par un comportement de son objet conforme aux attentes, par l'acceptation d'un risque maîtrisé et par la promesse que les leçons tirées des rares défaillances rendront celles-ci sans lendemain.

Le traçage est l'enregistrement de données relatives à l'historique et à l'état. Conserver tout l'historique des informations comme une boîte noire d'avion est souvent inutile, il faut déterminer le niveau de traces nécessaires pour expliquer le comportement de la

1. P. Dumouchel et L. Damanio, *Vivre avec les robots*, *op. cit.*

machine. Les explications tirées des traces sont un élément déterminant d'acceptation sociale et de confiance, d'autant plus que leur analyse permet d'assurer que des faits analogues ne se reproduiront pas. Le traçage pose aussi la question de la confidentialité des données conservées et du droit à l'oubli. Le contexte de l'apprentissage peut conduire à modifier de façon durable le comportement de la machine. Il peut alors être utile de conserver toutes les informations, y compris personnelles, à des fins d'explications ou d'enquêtes ultérieures. La politique d'effacement ou d'anonymisation devra alors être étudiée.

Une autre difficulté des technologies actuelles est d'extraire à partir des traces des explications, que ce soit pour les experts ou pour les usagers. Améliorer le compromis entre les capacités et l'explicabilité des systèmes est un chantier en cours qui recèle des dilemmes et des questions éthiques. Une piste est de hiérarchiser les explications, comme dans le design des machines morales.

Le déploiement d'un dispositif capable d'apprentissage nécessite la confiance des usagers et son acceptation sociale. La robotique requiert plus généralement la sûreté de fonctionnement et la maîtrise du risque : elle repose pour beaucoup sur le bon fonctionnement dont la prévisibilité de comportement fait partie et sur la capacité à expliquer les dysfonctionnements afin qu'ils ne se reproduisent plus. L'adaptabilité à l'humain qui résulte de l'apprentissage peut induire des liens particuliers entre l'usager et la machine.

Le téléphone est devenu multifonctions et donne accès à des ressources illimitées d'informations ; les ressources sur Internet sont de plus en plus utilisées même si elles ne sont pas vérifiées... On a beau entendre : « Je ne crois pas tout ce qui est sur Internet », il est facile de se faire piéger ! Bref, nos habitudes changent, la société s'adapte, mais les nouvelles générations font confiance aux technologies bien plus qu'elles ne devraient.

Il faudrait éviter un trop-plein de confiance ou de peurs vis-à-vis de ces machines, comme nous l'avons vu dans le chapitre « La coévolution humain-robot ».

« Dans la mesure où l'interaction homme-robot augmente, il convient de maîtriser les règles essentielles de sécurité relatives à l'utilisation des robots industriels et de service. Enfin, en cas de dommage causé par un robot, il est essentiel d'avoir connaissance des régimes de responsabilité pouvant s'appliquer », explique Alain Bensoussan[1].

La rupture économique est également en jeu. La robotique constitue en effet un levier de croissance de nature à modifier les modes de production, les modèles économiques mais aussi les rapports sociaux. La robotique peut être un énorme moyen d'émancipation de l'humain. Les premiers robots automates, même s'il ne s'agissait que de lavage, ont ouvert le marché du travail aux femmes dans les années 1960-1970.

Le robot risque de nous remplacer pour un grand nombre de tâches pour notre bien-être et mémorisera des informations à notre place. Il ne faut pas que ce soit au détriment de l'autonomie de l'humain et que celui-ci ne fasse plus d'effort. L'humain doit être stimulé par le robot pour éviter ce type de dérive. Quoi qu'il en soit, il semble nécessaire de redéfinir les tâches qui peuvent être réalisées par des robots et celles qui doivent rester humaines. Au Japon, certaines entreprises comme Toyota ont réintroduit des hommes dans la

1. http://www.symop.com/wp-content/uploads/2016/10/LivreBlanc_Robotique_symop_BD.pdf

production à côté des robots, dans une démarche d'amélioration continue de la qualité.

La réflexion éthique sur l'emploi des robots dans nos sociétés doit être approfondie afin d'aboutir, parallèlement à un droit de la robotique, à une véritable éthique robotique. Dans le domaine industriel, l'éthique robotique doit permettre de saisir les enjeux liés à la nouvelle organisation du travail induite par l'arrivée des robots.

En 2016, il n'y a toujours pas de régulation pour les robots et l'intelligence artificielle, même si de nombreux comités comme la CERNA, en Europe et dans de nombreux pays anglo-saxons, y ont réfléchi.

Nous proposons dans cet ouvrage d'enrichir les lois d'Asimov avec des commandements adaptés aux robots assistants de vie. Les commandements seront ensuite intégrés sous forme de règles dans le design des algorithmes de prises de décision des robots, ce qui nécessite encore beaucoup de travail. Toute la difficulté est de les formuler sous forme algorithmique.

Il est très difficile de faire des règles morales pour les robots et plus difficile encore que le robot soit capable à tout moment d'expliquer ses comportements. Cela demande une connaissance du robot sur lui-même.

Nos robots sociaux vont devoir apprendre des règles morales pour savoir comment se comporter dans notre société. Du point de vue de l'ingénieur, il sera nécessaire de répondre à des questions très concrètes : Qu'est-ce qu'une valeur du point de vue technique? Y a-t-il une hiérarchie de valeurs? Comment traduit-on une valeur sociale en une option programmable?

Le comportement du système doit obéir à certaines valeurs, comme le respect des règles de la société pour un robot social, le respect des données privées et de la non-diffusion des données, le respect du code de la route pour une voiture, etc. Les règles sociales ne sont pas universelles, elles sont liées à la culture, à la tâche, au contexte. Nous pouvons imaginer coder un noyau de règles dans le robot à sa sortie d'usine, ensuite il faudra qu'il puisse apprendre, en interagissant avec les humains, comment adapter ces règles.

Le droit à l'oubli est un commandement complexe, encore une fois il n'est pas propre aux robots mais à toutes les données sur Internet. On peut avoir envie d'effacer quelques données, cela peut être relativement faisable. Cette question en ouvre une autre plus fondamentale : que faisons-nous des données de quelqu'un qui décède, doivent-elles être diffusées à ses successeurs ? Doit-on les effacer ?

Nous devons avoir une attitude rationnelle en nous attelant aux questions fondamentales que posent les *relations* avec ces machines. Que pouvons-nous décrire comme règles morales pour vivre avec des robots sociaux dans notre quotidien ? Tout n'est pas facilement programmable, il y a différents niveaux de règles envisageables. Il ne s'agit pas d'étouffer l'innovation dans le domaine mais de prendre en compte les facteurs éthiques dans le processus de conception et d'innovation.

Il faut remettre l'homme au centre des stratégies de robotisation. La démarche doit être celle d'une amélioration du travail pour les humains et non celle de leur simple remplacement par des machines dans un unique objectif de rentabilité à court terme. Le robot peut nous assister pour notre bien-être et respecter notre dignité d'homme !

LILY, THEO, AIKO, RO42 et JEDI dans la fiction de ce livre apportaient beaucoup d'aide et de bien-être à toutes les personnes les ayant accueillis, pourtant il semblait nécessaire de leur donner des règles éthiques pour préserver les humains.

Onze commandements pour des robots sociaux plus éthiques sont présentés en épilogue de ce livre. Les fondements de ces commandements viennent en partie de retour d'expériences d'interactions avec les robots.

Epilogue

« Il faut garder la foi en notre vieux cerveau d'homme ! Notre plus grande richesse, c'est notre génie créateur. »

Isaac Asimov, *Le Cycle des robots*, t. 3 : *Les Cavernes d'acier.*

La révolution robotique a toujours divisé l'opinion publique : certains y voient un moyen de libérer l'homme de contingences matérielles, d'autres s'opposent, craignant pour lui des conséquences désastreuses ! Eduquer, cesser d'être naïf sur les robots n'est pas utopique. Trouver une bonne régulation est fondamental : un compromis entre surveillance et responsabilisation. Les robots assistants seront très utiles pour nous accompagner dans certaines tâches, et notamment pour que les personnes âgées puissent rester chez elles, à condition de concevoir ces robots avec des garde-fous.

Je propose onze commandements pour les robots sociaux ; certains sont génériques à toutes les applications numériques, d'autres sont spécifiques au robot.

1 – données privées
« *Tu ne divulgueras pas mes données à n'importe qui.* »
2 – droit à l'oubli
« *Tu oublieras tout si je te le demande.* »

3 – sécurité
« Tu pourras te déconnecter d'Internet si je te le demande ! »
4 – contrôle
« Tu seras régulièrement contrôlé pour évaluer ce que tu as appris. »
5 – explicabilité et traçage
« Tu pourras toujours m'expliquer tes comportements si je te le demande ! »
6 – loyauté
« Tu seras loyal. »
7 – consentement
« Tu seras empathique et simuleras des émotions, seulement si je le sais ! »
8 – risque de dépendance
« Tu stimuleras ma mémoire et veilleras à ce que je ne devienne pas trop dépendant de toi ! »
9 – risque de confusion
« Tu feras attention à ce que je ne te confonde pas avec un être humain ! »
10 – adaptation aux règles sociales
« Tu apprendras à vivre avec des humains et tu t'adapteras aux règles sociales. »
11 – utilité et bienveillance
« Tu seras bienveillant et utile. Et, pourquoi pas, doué d'un peu d'humour ! »

Il est important de commencer à construire les robots sociaux de demain avec des comportements éthiques et sécuritaires.

Ce livre qui vise avant tout à susciter des questionnements éthiques sur l'intelligence artificielle et les robots, et leur place dans la société, vous aura sûrement fait réagir ! Je pense que les questions éthiques relatives à la robotique et à l'intelligence artificielle seront également un atout de compétitivité. Il faudra vivre en bonne intelligence avec les machines !

Glossaire

Agent conversationnel (chatbot) : un agent conversationnel est un agent qui dialogue avec un utilisateur soit oralement, soit par écrit. Les recherches sur cette interface homme-machine sont influencées par la compétition sur le test de Turing (1950) : donner l'illusion qu'un programme pense grâce à un dialogue sensé. Les géants du numérique (Google, Amazon, Facebook, Apple, Microsoft) misent de plus en plus sur les chatbots, ces agents conversationnels appelés à devenir un canal de relation client privilégié.

Algorithme : un algorithme est un procédé (une sorte de recette) qui permet de résoudre un problème par la mise en œuvre de suites d'opérations élémentaires selon un processus défini aboutissant à une solution. Il existe de nombreux types d'algorithmes.

Apprentissage machine ou apprentissage automatique (*machine learning*) : l'apprentissage automatique des machines, branche de l'intelligence artificielle permet aux machines d'effectuer des tâches pour lesquelles elles ne sont pas explicitement programmées par des règles préétablies, en apprenant à partir d'un grand ensemble d'exemples. Les algorithmes, qui utilisent des exemples pour apprendre à résoudre un problème, sont appelés algorithmes d'« apprentissage machine ». Ils sont classés en trois grandes catégories : apprentissage supervisé (l'algorithme construit un modèle des données annoté par des experts), non supervisé (l'algorithme découvre par lui-même la structure des données) et par renforcement (l'algorithme procède par essais et erreurs, chaque erreur lui permettant d'améliorer sa performance dans la résolution du problème). Ces algorithmes d'apprentissage sont également souvent combinés dans un même système comme c'est le cas dans Watson d'IBM ou AlphaGo de DeepMind.

Autonomie : l'autonomie d'un robot est la capacité de percevoir et d'exécuter des tâches prévues à partir de l'état courant sans intervention humaine. Les programmes régissant le comportement d'un robot autonome sont conçus pour interpréter les informations issues de ses capteurs, déterminer les actions les plus pertinentes en fonction de cette interprétation et de ses connaissances préalables, et calculer quand et avec quelles ressources ces actions seront effectuées. Il faut distinguer les robots (ex. : robot Da Vinci) qui sont supervisés par un opérateur, c'est-à-dire un professionnel du domaine d'application qui interagit avec le robot pour la mise en œuvre de ses fonctions, et les robots (ex. : Nao, Pepper) qui interagissent avec un utilisateur sans opérateur.

Capteurs : un robot utilise un grand nombre de capteurs. Un capteur est un dispositif permettant de mesurer un phénomène physique. Il fournit un signal – en général un courant électrique – en relation avec la mesure de ce phénomène.

Exemples :

- Un microphone qui enregistre le son.
- Une caméra qui enregistre la vidéo.
- Un télémètre laser qui mesure la distance des objets qui l'entourent.

• Un capteur d'effort mesure une force/pression exercée sur son extrémité.

• Un capteur inertiel mesure la vitesse et le déplacement du robot qui porte le capteur.

Complexité : la complexité algorithmique est une notion liée à la difficulté de la résolution d'un problème, mesurée par le temps de calcul ou la taille de l'espace mémoire, nécessaires à la production d'une solution. La complexité se mesure en fonction de la taille de l'ensemble des données d'entrées définissant le problème. La complexité d'un robot est donc d'autant plus grande qu'il est doté de capacités de perception, d'actions et d'interactions variées traitant de problèmes complexes.

Cloud computing : le *cloud computing* (« l'informatique en nuage ») est un ensemble de serveurs qui hébergent et partagent les informations accessibles via Internet. Le nom de *cloud* vient de cet éparpillement des serveurs.

Conscience (artificielle) : la notion de conscience est un concept très large qu'il faudra sûrement remplacer un jour par des concepts plus précis. Le concept de conscience a de nombreux sens que l'on peut s'efforcer de distinguer, bien que dans certains cas ces différences soient surtout des différences de degrés : la conscience comme sensation, la conscience de soi, la conscience intellectuelle (intuition des essences ou des concepts), la conscience phénoménale (en tant que structure de notre expérience), etc. La modélisation de la conscience de soi pour un robot est un défi de recherche. Les autres niveaux de conscience seront impossibles à atteindre pour un robot dans l'état de nos connaissances.

Cyborg (organisme cybernétique) : un cyborg est un être humain qui a reçu des greffes de parties mécaniques. Le terme s'emploie surtout en science-fiction ou en futurologie – utiliser le terme pour des personnes ayant reçu des prothèses est déplacé.

Ethique : l'éthique est une discipline philosophique portant sur les jugements de valeur. Elle se définit telle une réflexion fondamentale sur laquelle la morale établira ses normes, ses limites et ses devoirs. L'éthique appliquée est un terme générique pour désigner l'ensemble des questions éthiques relatives à un domaine de l'activité humaine comme la santé, le monde du travail, l'économie, les sciences, la gouvernance ou la culture. L'éthique appliquée à une profession conduit à définir une déontologie.

Empathie : l'empathie est une réponse émotionnelle. En situation d'empathie, l'émotion que l'on ressent est similaire à l'émotion que vit autrui. C'est une sorte de projection d'une personne dans la situation de l'autre. Il ne faut pas confondre avec sympathie ou compassion.

Intelligence artificielle (IA) : le terme « intelligence artificielle », créé par John McCarthy, est souvent abrégé par le sigle IA (ou AI en anglais pour *Artificial Intelligence*). L'intelligence artificielle est une discipline scientifique recherchant des méthodes de résolution de problèmes à forte complexité logique ou algorithmique. Par extension, elle désigne, dans le langage courant, les dispositifs imitant ou remplaçant l'humain dans certaines mises en œuvre de ses fonctions cognitives.

Interaction homme-robot (HRI) : les interactions homme-robot sont le sujet d'un champ de recherches ayant émergé de la rencontre entre l'humain et les systèmes robotiques. Il s'agit d'un échange d'informations et d'action entre l'humain et le robot pour exécuter une tâche. Ces échanges se font à travers des moyens vocaux, visuels et tactiles.

Linguistique : la linguistique est la discipline s'intéressant à l'étude du langage. Au contraire de la linguistique théorique, qui cherche à décrire, de manière générale, une langue donnée ou le langage humain, la linguistique appliquée se sert de ces recherches pour les appliquer à d'autres domaines comme la synthèse ou la reconnaissance vocale (ces deux dernières approches étant ensuite utilisées en informatique pour fournir des agents conversationnels, par exemple).

Morale : la morale est un ensemble de principes de jugement, de règles de conduite relatives au bien et au mal, de devoirs, de valeurs qu'une société se donne et qui s'imposent autant à la conscience individuelle qu'à la conscience collective.

Paralinguistique : la paralinguistique est relative au paralangage, c'est un moyen de communication naturelle, employé pour compléter le langage, c'est-à-dire tous les moyens de communication qui s'ajoutent à la parole humaine, qu'il s'agisse de gestes du corps, d'expression du visage ou du son de la voix.

Prosodie : la prosodie est l'étude des phénomènes de l'accentuation et de l'intonation de la voix (variation de hauteur, de durée et d'intensité) permettant de véhiculer de l'information liée au sens telles les émotions mais aussi la mise en relief, l'assertion, l'interrogation, l'injonction ou l'exclamation.

Protoconversation : une protoconversation est une conversation dans sa forme la plus basique, s'appuyant sur le paralangage. Ce terme désigne par exemple une interaction entre un adulte et un bébé, qui comprend des mots, des sons et des gestes, qui tente de transmettre une signification avant l'apparition du langage chez l'enfant.

Robot : un robot est une machine comportant au moins trois éléments : des capteurs pour comprendre l'environnement dans lequel elle se trouve, des processeurs qui analysent les paramètres recueillis pour prendre une décision et des actionneurs qui lui permettent d'agir dans le monde réel. Certains robots sont aussi doués de la possibilité de dialoguer et d'apprendre à partir de l'interaction avec les humains.

Robot androïde : un androïde désigne ce qui est de forme humaine, étymologiquement ce « qui ressemble à un Homme ». Le terme gynoïde désigne un robot à l'apparence d'une femme. La tendance est plutôt à l'usage d'« humanoïde » pour toute créature, robot ou non, dont l'apparence est vaguement humaine, et d'« androïde » pour un robot dont l'apparence est *très* proche d'un être humain, sans distinction de sexe.

Robot humanoïde : un robot humanoïde est un robot dont l'apparence générale rappelle celle d'un corps humain. Généralement, les robots humanoïdes ont un torse avec une tête, deux bras et deux jambes, bien que certains modèles ne représentent qu'une partie du corps, par exemple à partir de la taille. Certains robots humanoïdes peuvent avoir un « visage », avec des « yeux » et une « bouche ».

Robotique : la robotique est la science et la pratique de la conception, de la fabrication, et de la mise en œuvre des robots.

Sémantique : la sémantique est une branche de la linguistique qui étudie le sens (ou signifié), ce dont on parle, ce que l'on veut énoncer. Sa branche symétrique, la syntaxe, concerne pour sa part la forme de l'énoncé : le signifiant, sa forme, sa langue, sa graphie, sa grammaire, etc.

Systémique : apparue progressivement au milieu du XXe siècle, la systémique s'est construite en opposition à la tradition analytique cartésienne et à d'autres formes de réductionnisme, qui tendent à découper le tout en parties indépendantes et montraient leurs limites dans la compréhension de la réalité.

Remerciements

Ce livre est né du désir d'expliquer *à tous* les enjeux liés à l'arrivée des robots sociaux dans notre quotidien. Mes idées, mes questionnements sur l'éthique des relations humain-machine et sur la place que nous souhaitons donner à ces machines découlent assez naturellement de mes travaux de recherche depuis les années 2000, notamment sur la détection des émotions des humains et sur les robots empathiques.

Je remercie tout d'abord toutes les personnes qui ont participé à des expérimentations de ces systèmes, en laboratoire mais surtout à l'hôpital, dans les maisons de retraite, dans les écoles, depuis une quinzaine d'années, afin de préparer les futurs robots sociaux.

Depuis plus de vingt ans, j'ai eu la chance d'être entourée de collègues extraordinaires, notamment au LIMSI-CNRS. Je dois beaucoup à Joseph Mariani, directeur du LIMSI-CNRS pendant douze ans, qui m'a fait partager sa passion pour les technologies de la langue. Je le remercie pour nos nombreuses discussions et son soutien ces dernières années sur l'éthique, l'évaluation et les robots. Je tiens aussi à exprimer mes remerciements très chaleureux à tous mes collègues du LIMSI et de l'université Paris-Sorbonne.

De nombreux étudiants et post-doctorants qui ont fait partie de mon équipe au LIMSI ont insufflé leur énergie. Toute ma gratitude va à mes thésards : Joseph Allemandou, Laurence Vidrascu, Sarkis Abrilian, Chloé Clavel, Marie Tahon, Agnès Delaborde, Clément Chastagnol, Mariette Soury, Fan Yang, Lucile Béchade, Antonin Penon, Caroline Etienne, Mélanie Garcia, ainsi qu'à mes collègues post-doctorants, notamment Guillaume Dubuisson Duplessis et Mohamed Sehili.

Ces réflexions sont également nées de rencontres avec des collègues de différentes disciplines dans des projets européens et nationaux – philosophe, psychologue, psychiatre, linguiste, sociologue, neurolinguiste, juriste – tout d'abord lors de discussions dans le réseau d'excellence européen HUMAINE (2004-2007) et surtout depuis deux ans au sein de la CERNA (Commission de réflexion sur l'Ethique de la Recherche en sciences et technologies du Numérique d'Allistene qui est l'alliance des sciences et technologies du numérique). Je dois également remercier mes nouveaux collègues de la commission internationale IEEE sur l'éthique des machines autonomes pour nos nombreux échanges.

Je travaille également beaucoup avec des industriels qui apportent une vision différente : notamment avec l'équipe de R&D d'Aldebaran Robotics maintenant SoftBank Robotics.

Mes rencontres avec des journalistes, notamment du journal *Le Monde*, de *Sciences et Avenir*, du *Point*, pour ne citer qu'eux, et mes présentations en sept minutes à S3Odéon en 2015 et 2016, aux Entretiens de la Cité à Lyon devant une audience de non-experts, m'ont permis d'enrichir mes réflexions et d'affiner la façon de toucher une plus large audience. Mes discussions avec de nombreux collègues lors de tables rondes m'ont permis de construire également des arguments sur les enjeux éthiques.

Je remercie très sincèrement Jean-Pierre Elkabbach pour sa curiosité et son intérêt depuis l'émission sur l'intelligence artificielle dans « Bibliothèque Médicis » sur la chaîne Public Sénat le 1er mars 2016, ainsi que Muriel Beyer et Grégory Berthier-Gabriele, mes éditeurs, et Vincent Barbare, directeur des éditions Plon, qui ont accueilli chaleureusement ce livre.

Enfin, je tiens à citer mes relecteurs avisés, « non experts en robotique », qui ont apporté un regard neuf sur ce texte, tout particulièrement Sylvie, Philippe, Jean-Luc, Théo et Alix.

A tous mes collègues, amis et à ma famille, qui m'ont prodigué soutien et encouragement, à tous, un grand merci !

Table

Fiction : *LILY, ma robote assistante de santé* 11
Avant-propos 27

PREMIÈRE PARTIE
Les robots :
science-fiction, mythes et fantasmes

1. La science-fiction, Asimov et les robots 47
2. Mythes et cinéma : la fascination des robots 54
3. L'intelligence des machines : halte aux fantasmes ! 69

DEUXIÈME PARTIE
Les robots : aujourd'hui et demain

1. Qu'est-ce qu'un robot social ? 113
2. La robotique sociale au service de l'humain 134
3. L'interaction humain-robot et l'empathie 145
4. Machines morales 172
5. La coévolution humain-robot 195
6. Les frontières de l'inconnu 207
7. Les mutations de la société 219

Epilogue 227
Glossaire 229
Remerciements 235

29 JUIN 2017

Pour en savoir plus
sur les Éditions Plon
(catalogue complet, auteurs, titres,
revues de presse, vidéos, actualités...),
vous pouvez consulter notre site Internet :
www.plon.fr
et nous suivre sur les réseaux sociaux :
www.facebook.com/Editions.Plon
www.twitter.com/EditionsPlon

La photocomposition de cet ouvrage
a été réalisée par
GRAPHIC HAINAUT
30, rue Pierre Mathieu
59410 Anzin

CET OUVRAGE
A ÉTÉ ACHEVÉ D'IMPRIMER
SUR ROTO-PAGE
PAR L'IMPRIMERIE FLOCH
À MAYENNE EN FÉVRIER 2017

Dépôt légal : mars 2017
N° d'impression : 90761
Imprimé en France